Nijole Sadunaite
Geborgen im Schatten Deiner Flügel

Von Gott zu reden
ist gefährlich.
    Tatjana Goritschewa

Wüßtet ihr, welche Freuden die Seelen der Ge-
rechten im Himmel erwarten, wäret ihr ent-
schlossen, allen Kummer, alle Verfolgungen
und Beleidigungen in diesem vergänglichen
Leben dankbar zu ertragen.

        Seraphim von Sarow (1759–1833)

VIA·VERITAS·VITA

Nijole Sadunaite (Juli 1987)

Nijole Sadunaite

Geborgen
im Schatten Deiner
Flügel

Verfolgt um des Glaubens willen

Mit einem Vorwort von Bischof Dr. Karl Braun

CHRISTIANA-VERLAG
STEIN AM RHEIN

Herausgeber: Arnold Guillet
Der erste Teil der Erinnerungen von Nijole Sadunaite erschien im
Christiana-Verlag unter dem Titel «Gottes Untergrundkämpferin».

Photonachweis:
KNA Frankfurt: S. 163 unten
Keystone Press, Zürich: S. 9
Dr. Rudolf Grulich, Königstein: S. 13, 19, 99, 101 oben, 133, 171 oben, 175
Schwester Michaela Baumann, Donauwörth: S. 2, 39, 65, 87, 101 unten,
105, 107, 109, 111, 113, 115, 119, 123, 129, 163 oben, 171 unten
Photoarchiv Christiana-Verlag, Stein am Rhein: S. 11, 23, 49, 161
Pfarrer Casimir Senkus, Stuttgart: S. 77, 141
Pur-Magazin, Anton Leuter, Kisslegg: S. 151
Erste Umschlagseite: Nijole Sadunaite, eine Frau im Sturm der
Verfolgung, Farbgemälde von Val Rixen, Kunstmaler,
CH-8726 Ricken/St. Gallen

1. Auflage 1989: 1—10. Tausend
© CHRISTIANA-VERLAG
   CH-8260 STEIN AM RHEIN/SCHWEIZ
Alle Rechte, auch die der Übersetzung in andere Sprachen, vorbehalten.
Teilweiser Abdruck nur bei genauer Quellenangabe gestattet.
Druck: Ernst Uhl, Radolfzell am Bodensee — Printed in Germany

CIP-Titelaufnahme der Deutschen Bibliothek
Sadunaite, Nijole:
Geborgen im Schatten Deiner Flügel: verfolgt um des Glaubens
willen / Nijole Sadunaite. Mit e. Vorw. von Karl Braun.
1. Aufl., 1.—10. Tsd. — Stein am Rhein: Christiana-Verl., 1989.
ISBN 3-7171-0919-7

Inhaltsverzeichnis

II.
LITAUENS CHRISTEN IM AUFBRUCH

Solidarität mit den verfolgten Christen

Vorwort von Dr. Karl Braun, Bischof von Eichstätt[1]

Die Königsherrschaft Jesu Christi, die wir an diesem heutigen Hochfest feiern, ist nach außen alles andere als glanzvoll und herrscherlich. Der Herr hat seine Macht in der Entäußerung verborgen. Demzufolge identifiziert er sich auch – wie uns eben im Evangelium verkündet wurde – mit den «Geringsten».

Zu diesen «Geringsten», denen unsere opferbereite Zuwendung gelten muß, zählen vor allem jene Mitchristen, die um ihres Glaubens willen verfolgt werden. Gerade am Christkönigsfest dürfen wir jene nicht vergessen, die ihre Treue zu Christus, dem König, mit Diskriminierung und Verfolgung, mit Leiden und Tod bezahlen.

Wir leben in einem Jahrhundert der Christenverfolgung. Zu keiner Zeit mußten Christen so viel um Christi willen leiden, wie in unserem angeblich so «aufgeklärten» und toleranten Jahrhundert, das vielfach als Jahrhundert des Fortschritts, der Humanität, der Solidarität und der Brüderlichkeit gepriesen wird.

Obwohl fast alle Nationen die Glaubens- und Religionsfreiheit in ihre Verfassungen aufgenommen haben, obwohl vor zwölf Jahren auf der Europäischen Sicherheitskonferenz (KSZE) in Helsinki Freiheit für Gewissen, Überzeugungen und Religionen feierlich vereinbart wurde, sind viele Länder nichts anderes als riesige Konzentrationslager, werden tagtäglich Gläubige bespitzelt, verhaftet, in psychiatrische Anstalten eingewiesen und zugrundegerichtet, werden Priester, Ordensleute und Missionare isoliert, gefoltert und ermordet, wird der Anspruch des einzelnen zur Ausübung seiner Religion unterdrückt, wird das Recht der Eltern, ihre Kinder im Glauben zu erziehen, mißachtet, werden Christen zu «Bürgern zweiter Klasse» degradiert.

Ein Land im Osten Europas, dessen Christen seit langem schwerer Bedrängnis ausgesetzt sind, ist Litauen. Im Jahre 1387 nahmen die Litauer, dem Beispiel ihres Großfürsten Jagiello fol-

7

gend, das Christentum an. 1987 jährte sich zum sechshundertsten Mal die «Taufe» dieser Nation. Sie trat zwar als letzte in den Kreis der christlichen Völker Europas ein, brachte in der Folge aber bis zum heutigen Tag immer wieder beispielhafte Zeugen des Evangeliums hervor. Die schätzungsweise 2,6 Millionen katholischer Christen Litauens haben in den letzten Jahrzehnten unsäglich gelitten. Wenn auch jüngst einige Zeichen der Entspannung festzustellen sind, ist die offizielle Linie der sich zum Staatsatheismus bekennenden kommunistischen Partei doch unverändert hart. Deshalb ist der Notruf der litauischen Christen an Papst Pius XII. im Jahre 1948 auch heute noch aktuell. Darin heißt es: «Wir fragen uns häufig, wo sind die Völker der zivilisierten Welt, wo sind die Hunderte Millionen Christen geblieben? Wissen sie nicht, wie ihre christlichen Brüder und Schwestern vernichtet werden? Sind die Christen der westlichen Welt von einem trügerischen Schlaf des Sicherheitsgefühls umfangen, und glauben sie, daß die Horden aus dem Osten nach unserer Vernichtung Halt machen werden? Unentrinnbar rückt der Tag des Weltkampfes heran; dann wehe den Schlafenden!»

Ja, wo ist die Solidarität mit unseren litauischen Glaubensbrüdern und -schwestern geblieben? Wie ist unsere Antwort auf den Hilfeschrei unserer verfolgten Mitchristen? Liebe Brüder und Schwestern, wir dürfen unsere Mitchristen auf ihrem Kreuzweg nicht allein lassen. «Wenn ein Glied leidet, leiden alle Glieder mit», schreibt der Apostel Paulus (1 Kor 12,26). Dieses Mitleiden verbindet uns nicht nur mit den Gliedern der verfolgten Kirche; es verbindet uns auch tiefer mit Christus — er ist es ja letzt-

Oben: Der sowjetische Generalsekretär Michail Gorbatschow empfing am 8. April 1988 den Patriarchen von Moskau und ganz Rußland, Pimen, und die Mitglieder des Heiligen Synod, dem Leitungsorgan der russisch-orthodoxen Kirche, im Katharinensaal des Kreml.
Unten: Der nach dem Papst höchste kirchliche Würdenträger, Kardinal Agostino Casaroli, Chef des Päpstlichen Staatssekretariats, traf im Juni 1988 mit Staats- und Parteichef Michail Gorbatschow zusammen.

lich, der in seinen Gläubigen geschmäht, bedrängt und gequält wird. Drei Hinweise für unser Helfen möchte ich geben: Die verfolgten Christen brauchen die Solidarität der Information, der konkreten Hilfe und des Gebetes.

1. Solidarität der Information

Wir müssen uns mehr für das Schicksal der verfolgten Glaubensbrüder und -schwestern interessieren und andere darauf aufmerksam machen. Im Zeitalter der totalen Kommunikation wird eine grausame Realität totgeschwiegen: nämlich die Christenverfolgung des 20. Jahrhunderts. Die weltweite Information durch die Medien hat eine große Lücke: das Bekanntmachen des blutigen Dramas der Treue zu Christus. Es ist erschreckend, wie wenig diese Verletzung elementarer Menschenrechte in das Bewußtsein und das Gewissen der Öffentlichkeit unseres Landes gedrungen ist. Die Christenverfolgung der Gegenwart erfolgt weitgehend unter Ausschluß der Weltöffentlichkeit und hinter der Mauer bewußten oder zumindest unverantwortlichen Schweigens.

Dieses eiskalte Schweigen und das Gefühl, abgeschrieben zu sein, bedrückt die verfolgten Christen oft noch mehr als die Unmenschlichkeit ihrer Verfolger. Wir müssen deshalb unsere eigene Aufmerksamkeit und die unserer Mitbürger auf das Unrecht der Verfolgung lenken. Wir müssen mithelfen, darüber öffentliche Meinung zu bilden. Wir bringen das Schicksal der verfolgten Christen an das Licht der Öffentlichkeit, nicht um Haß gegen die Verfolger zu säen. Die Aufforderung des Herrn zur Feindesliebe nimmt uns auch hier in Pflicht: «Besiege das Böse durch das Gute», war der Wahlspruch des im Juni 1987 seligge-

Der selige Jurgis Matulaitis (1871–1927), Vorkämpfer der Kirche in Litauen. Im Christiana-Verlag ist ein Buch über ihn erschienen: Vaisnora, Erzbischof Matulaitis.

sprochenen litauischen Bischofs Jurgis Matulaitis, dem dieser ein Leben lang auch unter größten Schwierigkeiten treu blieb. Wir sprechen von der Not unserer Glaubensbrüder, weil diese selbst zum Schweigen verurteilt sind. Es ist nicht fremde Not, es ist unsere Not. Der Leib der Kirche wird gequält und geschunden, und an diesem Leib sind wir alle Glieder. Wir müssen die Stimme der Schweigenden vernehmbar machen.

2. Solidarität durch konkrete Hilfe

Solidarität mit den verfolgten Christen bedeutet über die Aufgabe hinaus, den Informationsprozeß zu fördern, auch die Pflicht, nach Kräften konkrete Hilfe zu leisten. Diese kann – je nach Fall verschieden – darin bestehen, Bitt- oder Protestschreiben an die UNO, an die diplomatischen Vertretungen der Staaten oder an die «amnesty international» zu senden. Es bleibt auf die Dauer nicht erfolglos, wenn wir unbeirrbar unsere Stimmen für das Menschenrecht der Glaubensfreiheit erheben.

In Übereinstimmung mit der Allgemeinen Erklärung der Menschenrechte der Vereinten Nationen sowie der Schlußakte von Helsinki 1975 ersuchen wir deshalb die Regierung der UdSSR, die Menschenrechte der Litauer zu achten und die Bitte der Bischöfe in Litauen zu erfüllen, die Kathedralkirchen und die Sankt-Casimir-Kirche in Vilnius wie auch die Kirche «Königin des Friedens» in Klaipeda wieder für den kirchlichen Gebrauch zurückzugeben. Wir treten für die Glaubens- und Gewissensfreiheit der Christen des Baltikums ein, deren religiöses Leben «von niemandem im Gegensatz zum Wohl des irdischen Vaterlandes gesehen werden» möge (Papst Johannes Paul II., Apostolisches Schreiben zur 600-Jahr-Feier der «Taufe» Litauens vom 5.6.1987).

Hauptaltar der Casimir-Kirche in Vilnius, die heute ein atheistisches Museum ist.

12

Wenn wir überlegen, wie wir unseren verfolgten Mitchristen konkret helfen können, denken wir auch an die Möglichkeit einer finanziellen Unterstützung über verschiedene kirchliche Hilfsorganisationen – z.B. Liebeswerk «Kirche in Not», gegründet vom «Speckpater» Werenfried van Straaten, oder «Ostpriesterhilfe».

3. Solidarität des Gebetes

Wenn ich nun das Gebet nenne, dann mag dies klingen wie eine gängige Phrase. Und doch, wenn Christentum mehr ist als eine noch so lobenswerte humanitäre Bewegung, wenn wir überzeugt sind von der Kraft des gottverbundenen Geistes, dann muß es uns drängen, für unsere verfolgten Mitchristen zu beten. Das ist unsere wichtigste Hilfe.

Der Gnade der Beharrlichkeit, derer die Verfolgten bedürfen, muß unsererseits die treue Gebetshilfe entsprechen. Wir dürfen darin nicht müde werden! Das Gebet schlägt eine Brücke. Keine Mauer, kein Stacheldraht, keine Entfernung kommt dagegen an. Die Reichweite des Gebetes ist größer als die der Raketen. Jedes Gebet für die Verfolgten soll aber immer auch ein Gebet für die Verfolger sein. Auch heute kann aus einem Saulus ein Paulus werden.

In Angst und Einsamkeit, diskriminiert und ums Brot gebracht, gefoltert und psychiatrischen Zerstörungsmethoden ausgesetzt, vergessen und verkannt, in Hunger und Elend, in Fesseln und Unterdrückung sind die verfolgten Gläubigen mit Christus die unsichtbaren «Erlöser» der Welt. Das Kreuz, das sie tragen, ist zu unserem Heil. Christen in der Verfolgung sind ganz nahe beim Herrn. Sie sichern uns die Barmherzigkeit Gottes. Ihre Treue rettet die Welt. Daher haben sie Anspruch auf unsere Dankbarkeit und Hilfe.

Wir haben eine Reihe von sicher sehr guten und wichtigen Aktionen, aber wo bleibt die «Aktion Oremus», die «Aktion Lasset uns beten»? Könnte nicht diese oder jene Pfarrei in unserem Bistum eine «Gebetspatenschaft» für die leidende Kirche in Litauen oder in einem anderen Land der Verfolgung übernehmen? Sollten wir nicht alle von heute an z. B. den «Engel des Herrn» – das alte «Sturmgebet» der Christenheit – mit neuer Liebe für die bedrängten Glaubensbrüder und -schwestern beten?

Die vor kurzem nach London emigrierte 32jährige Glaubenszeugin, Physikerin und Dichterin Irina Ratuschinskaja wurde gefragt, wie sie die Tortur überstanden habe, als die Wärterinnen sie an den Haaren durch den Barackenflur im Lager schleiften. Sie antwortete: «Eure Gebete haben mich wie auf Flügeln getragen.»

Liebe Brüder und Schwestern, wir beten für unsere verfolgten Mitchristen in Litauen, wir suchen ihnen durch Information und konkrete Hilfe beizustehen, aber wir hören auch auf sie. Wir hören auf die stumme Predigt ihres Lebens und Leidens. Ihre beispielhafte Glaubenstreue kann uns ermutigen, mit ganzem Herzen Christus, dem König, nachzufolgen.

Die Machthaber rechnen mit einem langsamen, aber sicheren Sterben der Kirche in Litauen. Sie meinen, sie könnten die Kirche in Litauen und anderswo zugrunderichten. Aber es ist Gott, der Herr der Geschichte, der alle Stürme lenkt. Das Schiff der Kirche wird zwar furchtbar gerüttelt, aber es wird heil an das Ufer kommen, an dem Christus, der König, der österliche Sieger, uns erwartet. Schon viele haben im Laufe der Jahrhunderte den baldigen Tod der Kirche vorausgesagt und gefeiert, doch die Kraft Jesu Christi und das Blut der Märtyrer führt immer wieder zu einer neuen Auferstehung. In diesem gläubigen Vertrauen lebten und beteten vier Mädchen aus Litauen, die nach Sibirien in ein Konzentrationslager verschleppt worden waren, zu Christus, dem König. Mit diesem Gebet der litauischen Bekennerinnen verbinden wir unsere herzlichen Wünsche für eine gute Zukunft Litauens in Freiheit und Frieden[2]:

«Jesus, auf dem Thron des Kreuzes
bist du ein König
der liebenden Menschen geworden.
König der Herzen,
ich danke dir ohne Ende,
daß du mir die Gnade gewährt hast,
im Schatten des Kreuzes aufzuwachsen.
Du, mein Erlöser, gewähre mir,
meinen Lieben und meinem Heimatland,
das Feuer, die Liebe und die Stärke
deines Heiligsten Herzens zu erfahren.
Herr, wir haben den Schatz
der Schätze verloren:
die Freiheit.
Wir bitten dich,
schenke sie uns aufs neue,
lehre uns, sie zu achten,
sie zu lieben und zu verteidigen.«

Das Land der Kreuze

Von Bischof Dr. Karl Lehmann[3], Mainz
Vorsitzender der Deutschen Bischofskonferenz

Die Situation und die Glaubenstreue dieses Landes hat man immer schon in einem Titel zusammengefaßt gesehen, der allen Litauern teuer ist. Es ist das «Land der Kreuze». Die Landschaft war nämlich von unzähligen Kreuzen und Kreuzwegstationen gekennzeichnet. Immer wieder wurden Versuche gestartet, diese Kreuze zu verringern. Dies gilt besonders für den berühmten «Jurgaitschiai»-Berg, auf den unbeirrbar immer wieder neue Kreuze geschleppt worden sind. Diese Kreuze sind ein lebendiges Zeichen für das Leiden dieses Volkes. Sie warnen uns selbst: Wir dürfen die außerordentlich guten Rahmenbedingungen des christlichen und kirchlichen Lebens in unserem Land nicht für selbstverständlich halten. Aber es ist erschreckend zu sehen, wie die Situation einer verfolgten Kirche mehr Glaubensmut erzeugt, während bei uns Gleichgültigkeit und Desinteresse zunehmen. Was für uns oft Konvention ist, bezahlen andere mit ihrem Leben. Denken wir hier besonders an die großen Märtyrer-Gestalten Litauens, angefangen vom hl. Kasimir, dem Patron Litauens, bis zu Bischof Matulaitis, den der Hl. Vater am 28. Juni 1987 zur Ehre der Altäre erhoben hat. Im Blick auf das litauische Volk lernen wir wieder neu die Wahrheit des Evangeliums: «Selig, die um der Gerechtigkeit willen verfolgt werden; denn ihnen gehört das Himmelreich» (Mt 5,10). So könnten wir selbst aus dem Schlaf der Selbstsicherheit aufwachen und in Solidarität mit den verfolgten Kirchen unseren müden Glauben erneuern.

So leidet ein kleines katholisches Volk – auch heute sind 80 % der Einwohner katholisch – (Gesamtbevölkerung ca. 3,5 Mio) und bleibt in bewundernswerter Weise dem Glauben treu. Darum verbinden wir uns heute in brüderlich-geschwisterlicher Solidarität mit dem leidgeprüften litauischen Volk und rufen die Verantwortlichen in der UdSSR auf, ihm uneingeschränkte Religionsfreiheit zu gewähren, wie es u.a. die Schlußakte von Helsinki verlangt, profanierte Kirchen wieder zurückzugeben und das religiöse Leben nicht zu behindern.

Litauen, das Land der Kreuze.

Tatjana Goritschewa über Nijole Sadunaite

*Irina hat dort auch Nijole Sadunaite, eine Katholikin aus Litau-
en, getroffen, die ihre Freundin wurde. Von Nijole erzählt sie immer wieder mit leuchtendem Gesicht: «Es gab keinen Menschen,
zu dessen Herz Nijole nicht Zugang gefunden hätte. Sie brauchte
irgendeinem verwilderten Kriminellen nur zu sagen ‹Brüder-
chen, hilf› – und die Leute haben sich auf ihre Seite gestellt. Dafür hat sie selbst auch für alle gelitten, sie organisierte Hungerstreiks, Proteste, Unterstützungsaktionen, um sowohl Männern
als auch Frauen zu helfen».*

*Aus Tatjana Goritschewa
«Hiobs Töchter», Herder Verlag Freiburg*

*«Ich habe die Gerechtigkeit geliebt und das Unrecht gehaßt.
Darum sterbe ich in der Verbannung.»*

Papst Gregor VII.

I.
NIJOLES ERINNERUNGEN
Zweiter Teil

Nach meiner Rückkehr aus dem GULAG

Wenn Gott mit uns ist, wer ist dann gegen uns?
In Christus ist ein Christ immer Sieger, auch wenn
er zertreten und umgebracht wird. Er bleibt Sieger,
wenn er vergibt und liebt.

Ich will einen Blick auf die Jahre seit meiner Rückkehr aus dem
GULAG werfen und meine große Dankbarkeit gegen die Barmherzigkeit Gottes zum Ausdruck bringen.
Am Schluß meines Buches «Gottes Untergrundkämpferin» hatte
ich berichtet, wie ich am Vormittag des 22. November 1982 meinen Bruder besuchte, der von den KGB-Leuten für eine Psychoexpertise im Psychiatrischen Krankenhaus in Naujoji Vilnia eingesperrt worden war. Damals jagte mich die Oberärztin der Abteilung für Psychoexpertise, Razinskiene, eine Agentin des
KGB, hinaus und erfand mit Hilfe eines herbeigerufenen Tschekisten eine aus den Fingern gesogene Anschuldigung gegen mich,
wonach ich sie angeblich beleidigt hätte. Die Phantasie der
Tschekisten ist unerschöpflich, wenn es darum geht, Personen,
die ihnen unbequem sind, Verbrechen zuzuschieben, die es nie
gegeben hat. Im heutigen sowjetischen Leben wird noch weit und
breit nach dem Prinzip Stalins verfahren: «Du brauchst einen
Menschen nur zu verleumden; ein Prozeß gegen ihn wird sich

von selbst ergeben.» Mit anderen Worten: Sie prügeln selber und schreien auch selber.

So haben sie auch die Anschuldigungen bei den Prozessen gegen die von uns allen sehr verehrten Priester Alfonsas Svarinskas, Sigitas Tamkevicius und Jonas-Kastytis Matulionis, gegen den Jugendlichen Romas Zemaitis und viele andere ausgeheckt und sie nur deswegen verurteilt, weil sie sich der Lüge nicht beugten und der Wahrheit treu blieben. Sie sind durch die Glut ihres heldenhaften Lebens, das sie für uns und für die Wahrheit geopfert haben, Leuchttürme unseres Volkes in der Finsternis der sowjetischen Lüge und des Terrors, in der Kälte des Hasses, in der Einsamkeit des Egoismus und allen Gefahren geworden.

Der allmächtige Gott möge sie stärken!

Von der Ärztin Razinskiene hinausgejagt, ging ich sofort weg. Mein Bruder und ich durchschauten sofort die Absichten des KGB. Ich durchquerte schnell den großen Hof des Krankenhauses. Als ich zum Seitentor kam, sah ich einige Milizautos vorbeifahren, von denen eines hinter einem Gebüsch in der Nähe des Tores anhielt, sich also quasi tarnte.

Gleich beim Tor aber stand ein Taxi mit geöffneter Tür. Ich hatte tatsächlich großes Glück, denn normalerweise stehen hier keine Taxis. Wahrscheinlich war jemand damit hergekommen und ließ es hier für die Rückfahrt warten. Der Taxifahrer war bereit, mich nach Vilnius[4] zu bringen, und ließ mich auf meine Bitte am Tor der Morgenröte aussteigen. Dort waren gerade die Ablaßfeierlichkeiten zu Ehren der heiligsten Mutter der Barmherzigkeit zu Ende.

Ich wollte mich bei der heiligsten Gottesmutter für ihren Schutz bedanken und alle Angelegenheiten meines Bruders ihrer Fürsorge anvertrauen. Das KGB schikanierte meinen Bruder allein deswegen, weil es nicht gelungen war, ihn moralisch unterzukriegen.

Das Gnadenbild im «Tor der Morgenröte» in Vilnius.

Es ist bekannt, daß es für die KGB-Leute nichts Wichtigeres gibt, als die Redaktion der «Chronik der litauischen Katholischen Kirche» (Chronik der L.K.K.) zu finden und zu liquidieren. Als mich die KGB-Untersuchungsbeamten 1974 verhafteten, sagten sie schon voller Stolz, daß es die «Chronik d. L.K.K.» in ein paar Monaten nicht mehr geben werde, denn sie wüßten alles – ich wurde damals wegen des Versuches, die Nr. 11 der «Chronik der L.K.K.» zu vervielfältigen, zu sechs Jahren GULAG verurteilt. Inzwischen sind schon zwölf Jahre vergangen, aber die «Chronik» lebt durch die Gnade Gottes noch immer.

Ehre und Dank sei dafür dem Allmächtigen!

Nachdem ich der Mutter der Barmherzigkeit im Tor der Morgenröte gedankt hatte, telefonierte ich mit Maryte, der Frau meines Bruders. Ich erzählte ihr von der Provokation und sagte, daß ich nicht nach Hause käme. Ich bat sie auch, den mit meinem Bruder eingesperrten Männern etwas Brot zu bringen, wovon sie stets zu wenig haben.

Danach ging ich zu Bekannten und setzte Protesterklärungen an den Minister für Gesundheitswesen und an den Staatsanwalt der LSSR auf; diese Erklärungen schickte ich sofort ab. Der Text erschien auch in der «Chronik d. L.K.K.». Erst spät in der Nacht kehrte ich nach Hause zurück, um alles für eine Durchsuchung vorzubereiten. Hier erfuhr ich, daß die Ärztin Razinskiene meinem Bruder noch am selben Tag gesagt hatte, daß gegen mich ein Strafprozeß eingeleitet sei, wobei sie bedauerte, daß ich entkommen war.

Kaum war ich damals vom Krankenhaus fort, da kam schon die Miliz und ein KGB-Mann zu meinem Bruder. Auch mein Bruder setzte sofort Protesterklärungen auf und schilderte darin die Provokation. An jenem Tag warteten auf dem Krankenhaushof viele Milizmänner darauf, daß ich meinen Bruder besuche – doch sie warteten vergebens.

Am 27. November, dem Jahrestag der Ermordung des Priesters Bronius Laurinavicius, ging ich in aller Frühe von zu Hause fort. Für den Fall, daß ein KGB-Agent im Hof schon auf mich wartete, hatte ich mich, um nicht erkannt zu werden, als Greisin verkleidet.

Auf dem Gehsteig vor unserem Haus ging ein Mann auf und ab; es war offensichtlich, daß er auf jemanden wartete.

«Unter der Last der Jahre gebeugt» und etwas hinkend, bog ich nach links in Richtung anderer Häuser ab, also nicht nach rechts zur Straße, die ins Stadtzentrum führt, wohin ich ja eigentlich wollte. Lazdynai ist ein kleiner Stadtteil am Rande von Vilnius. Ich ging ohne mich zu beeilen weiter und konnte durch das Gebüsch beobachten, wie der Mann sogar in die Hocke ging, um mich mit seinem Blick verfolgen zu können. Er erkannte mich nicht, denn er blieb auf seinem Posten. Gott sei Dank!

Als ich einige Häuser weit gegangen war, beschleunigte ich meine Schritte und durchquerte Lazdynai, ohne jemandem zu begegnen.

Mit einem Trolleybus fuhr ich ins Stadtzentrum und ging in die Heilig-Geist-Kirche, eine ehemalige Dominikanerkirche, um dort zu beten. Während der Feier der hl. Messe überließ ich mich vollständig dem Willen Gottes und wiederholte die Worte der hl. Theresia: «Ich will nichts anderes, Herr, als was Du willst und wie Du es willst! Führe mich so, wie Du willst, denn Du allein bist die wahre Liebe!» Ich war in meinem Herzen ganz ruhig.

Einer Verhaftung entkommen

Nachdem ich gebetet hatte, ging ich zu meiner besten Freundin Brone Kibickaite, die ich sehr oft besuchte; ich hatte sogar die Schlüssel zu ihrer Wohnung. Darüber wußte auch das KGB Bescheid, denn wenn ich zu einer Verwarnung vorgeladen wurde, schickte man mir die Vorladung immer an zwei Adressen: Architektu 27–2 und Tiesos 11–38 (die Adresse von Brone). Meine Freundin war schon fort. Ich sperrte die Tür auf, ging hinein und legte mich bald darauf zum Ausruhen hin, denn ich hatte in der vergangenen Nacht kaum geschlafen – ich hatte ja alles für eine

Durchsuchung vorbereitet. Bald fielen mir die Augen zu, und so schlief ich einige Stunden.

Plötzlich sah ich im Traum zwei Milizmänner in Uniform und wußte, daß sie mich suchten. Ich erwachte, setzte mich auf und spürte mit meinem ganzen Wesen, daß ich wirklich gesucht wurde. Bald war ein langes, zorniges Klingeln an der Türglocke zu hören. Wenn nicht der Traum gewesen wäre, hätte ich jetzt die Tür geöffnet. So aber schlich ich leise hin, stieg auf eine Erhöhung neben der Tür und schaute sehr vorsichtig durch ein Fensterchen über der Tür hinaus. Draußen sah ich zwei Mützen von zwei Milizmännern. Fest entschlossen, die Tür nicht zu öffnen, stieg ich wieder leise hinunter und ging ins Zimmer. Durch das Fenster, das zum Hof hinausgeht (die Wohnung ist im zweiten Stock), sah ich vor der Treppe zum Hauseingang ein weißes Milizauto «Nova» stehen, in dem ein uniformierter Milizmann am Steuer saß.

Das KGB hatte also beschlossen, durch die Hände der Miliz mit mir abzurechnen. Was blieb mir übrig, als abzuwarten, was geschehen würde. Mein Herz schlug sehr stark, und die Türglocke klingelte schrill weiter. Schließlich wurde es still. Kurz darauf sah ich zwei Milizmänner die Treppe zum Hof hinuntergehen. Einer von ihnen trug eine braune Mappe unter dem Arm − darin war wohl der Haftbefehl für mich. Nach einer kurzen Unterredung mit dem Chauffeur fuhren sie alle weg. Ich verließ sofort Brones Wohnung.

Und so sind inzwischen − Gott sei Dank! − schon Jahre vergangen, in denen mich das KGB mit allen Kräften und mit Hilfe der Miliz sucht und nicht findet.[5)] Wie real sind für mich die Worte aus Psalm 27 geworden: «Der Herr ist mein Licht und mein Heil, wen sollte ich fürchten. Der Herr ist meines Lebens Zuflucht − vor wem sollte ich bangen?»

Manche behaupten, ich sei sehr klug. Das stimmt nicht. Gott sucht sich meistens die armseligsten Geschöpfe aus, um seine Pläne zu verwirklichen − solche wie mich. «Was schwach ist vor der Welt, wählte Gott aus, um das Starke zu beschämen», schreibt der hl. Paulus. Ich weiß nur eines: Wer auf Gott vertraut, wird in Ewigkeit nicht enttäuscht werden, und ich spreche zu Jesus jeden Tag nach der hl. Kommunion mit den Worten des hl. Paulus: «Wer könnte mich trennen von Deiner Liebe? Niemand, o Herr! Weder Todesangst wird mich von Dir trennen, denn Du bist mein Leben, noch die Liebe zu diesem Leben, denn ich bin bereit, es für Dich hinzugeben; weder himmlische Mächte, denn Du bist mächtiger als sie; weder Gegenwärtiges, denn es vergeht, noch Zukünftiges, denn ich liebe nichts so sehr wie Dich; weder Not, denn Du tröstest mich, noch Bedrängnis, denn Du stärkst mein Herz; weder Hunger, denn Du sättigst mich; noch Armut, denn Du machst mich reich; weder Gefahren, denn Du schützest mich; *weder Verfolgung, denn Du verteidigst mich;* weder Leiden, denn sie werden süß für mich durch Deine Liebe; weder Sklaverei, denn in Dir würde ich meine Freiheit finden; noch die Freiheit selbst, denn ich will Sklavin Deiner Liebe sein; weder das Weltliche, denn es ist nichts im Vergleich zu Dir; noch die Unbeständigkeit der Welt und die Schlauheit meiner Feinde können mich von Dir trennen, genauso wenig wie meine eigene Schwäche, denn Du wirst das ganze Unheil zum Guten wenden. Nein, niemand kann mich von der Liebe Jesu Christi trennen!»

Und ich bitte die heiligste Mutter Gottes, mir zu gewähren, den gütigen Gott mit ihrem unschuldigen Herzen lieben zu dürfen. Das ist meine ganze «Klugheit».

Seit dem 23. November 1982 besuche ich meine Wohnung in Lazdynai und Bronyte nur noch heimlich, und der gütige Gott hat mich vor den Blicken böser Menschen bewahrt.

Konfiszierung meiner Eigentumswohnung

Ich zitiere das Protokoll Nr. 45 der Vertreterversammlung der Kooperative Nr. 99 für Wohnungsbau des Exekutivkomitees des Volksdeputiertenrates der Stadt Vilnius, die am 8. Juli 1985 stattfand:

«Gewählte Vertreter: 18;
an der Versammlung teilgenommen: 16;
Vorsitzender der Versammlung: P. Ziupsnys;
Versammlungssekretär: S. Leonavicius.
Tagesordnung der Versammlung:

1. Entlassung der Sadunaite Felicita-Nijole, Tochter des Jonas, aus der Mitgliedschaft der Kooperative wegen Verletzung des Absatzes «C» des Artikels 28 des Statuts der Kooperative durch systematische Nichterfüllung ihrer Verpflichtung gegenüber der Kooperative.

Es wurde beschlossen, Sadunaite F. N., Tochter des Jonas, aus der Mitgliedschaft der Kooperative wegen systematischer Verletzung der Absätze «C» und «E» des Statutes SNS der Kooperative zu entlassen.

a) Die Bürgerin Sadunaite Felicita-Nijole, Tochter des Jonas, geboren 1938, registriert unter der Adresse Architektu 27−2, hat den Absatz «E» des Artikels 28 des Statuts der Kooperative für Wohnungsbau verletzt: Sie lebt ständig in einer anderen Wohnung.

Ebenso hat sie systematisch die in Absatz «C» vorgesehenen Regeln des sozialistischen Gemeinschaftslebens verletzt: Sie nimmt an keiner kollektiven Hilfsaktion teil, putzt das Treppenhaus nicht und verleumdet die Kooperative und die sowjetischen Gesetze.

b) Sadunas Jonas wird nach Einreichung der entsprechenden Unterlagen und nach Abstimmung dieser Frage mit dem Exekutivkomitee in die Mitgliedschaft der Kooperative aufgenommen und ihm die Wohnung seiner Schwester überlassen. Dafür haben gestimmt: 16 Vertreter.

Gegenstimmen und Stimmenthaltungen: keine.

Unterzeichnet: Vorsitzender der Kooperative P. Ziupsnys.»

Meine Bemerkung dazu: Niemand kann mir nachweisen, daß ich eine andere Wohnung habe, denn niemand weiß, wo ich wohne. Ich bin frei und kann nach Hause kommen, wann ich will. Ich nehme an Hilfsaktionen teil, und Maryte, die Frau meines Bruders, putzt das Treppenhaus. Wo und wie verletze ich die Kooperative? Keine konkreten Angaben, nur leere Worte! Dasselbe gilt bezüglich der sowjetischen Gesetze: keinerlei Beweise!

Damit, daß man mir die Wohnung wegnehmen werde, drohten mir schon 1970 der KGB-Untersuchungsbeamte Gudas und 1974/75 der KGB-Major Vyt. Pilelis. Was bedeutet aber schon eine Wohnung gegen die Ewigkeit? Mit welcher Freude habe ich damals mit dem hl. Franziskus gebetet: «Mein Gott, mein Alles!» Ich bin die Glücklichste auf der Welt, weil Gott mich liebt, sich um mich sorgt und mich beschützt.

Ist es nun nicht sonderbar, daß das Exekutivkomitee im Dezember 1986 meinem Bruder telefonisch mitteilte, ich sei nicht aus der Kooperative ausgeschlossen und nicht abgemeldet worden. Was das alles bedeuten soll, weiß nur der liebe Gott allein, und das genügt. Gott hat einen Plan, und der ist gültig. Die Pläne von Menschen gelingen nicht immer. Gottes Wille soll immer geschehen!

Als ich aus der Verbannung von Sibirien zurückkehrte, untersagte mir das KGB, eine Arbeit als Putzfrau in einem Kaufhaus anzunehmen. Deswegen wurde ich als Hilfsarbeitskraft in der Kirche von Paberze beschäftigt. Die Vorsehung Gottes wandelt alles zum Guten. Bei dieser Arbeit konnte mich das KGB nicht kontrollieren; ich arbeitete, wenn es eine Arbeit gab. Oft pflegte ich die Blumenanlagen, pflanzte Blumen und begoß sie und jätete die Beete. Im Herbst rechte ich das Laub zusammen und verbrannte es. Ich half auch dem greisen Sakristan, die Kirche in Ordnung zu halten.

Ich habe mich niemals versteckt, weder vor den Leuten, die zur Gemeinschaftshilfe kamen, noch vor jenen, die mit ihren Sorgen den Pfarrer aufsuchten.

Nach der Arbeit nahm ich am Abendgottesdienst teil und ging danach in die Sakristei, um aufzuschreiben, welche Arbeiten ich verrichtet hatte. Ich zahlte stets meine Einkommenssteuer.

Viele Leute warnten mich, doch nicht so unvorsichtig und unverkleidet zur Arbeit zu fahren, weil das KGB unablässig nach mir fahnde.

Einmal kam der Stellvertreter des Bevollmächtigten des RfR, Juozenas, zu dem Priester Donatas Valiukonis, dem Pfarrer von Paberze, um nach mir zu suchen. Er fragte, ob ich tatsächlich hier arbeite, und jammerte, daß ich nie in meiner Wohnung sei. Der Pfarrer bestätigte, daß ich hier arbeite. Daraufhin fuhr Juozenas wieder weg, ohne etwas ausgerichtet zu haben.

Der kleine David, der im Namen des Herrn gegen Goliath auszieht, ist immer Sieger!

Wir wollen im Vertrauen auf Gott unsere Pflicht tun, denn ohne seinen Willen fällt uns kein Haar vom Haupt. Gott ist unsere Zuflucht und Stärke. Das bezeugen auch die Jahre meines Lebens im Untergrund.

Das KGB fahndet nach mir nicht nur in Litauen, sondern, soweit mir bekannt ist, auch in Lettland, in der Ukraine und in den Weiten Rußlands. Selbst meine Bekannten in Moskau, die mir in meine sibirische Verbannung geschrieben hatten, wurden ausgefragt und verhört, während ich seelenruhig in Vilnius lebte, vom KGB verfolgte Familien der Gewissensgefangenen besuchte, sehr oft, eigentlich jeden Tag, in die eine oder andere Kirche in Vilnius ging, mit Gottes Hilfe das Töchterchen meines Bruders auf die Erstkommunion vorbereitete oder zur Arbeit fuhr. Ich habe mich also gar nicht besonders versteckt. Aber Gott hat mir geholfen, Konfrontationen mit KGB-Agenten zu entgehen. Manchmal sah ich sie, bevor sie mich entdecken konnten; manchmal warnten mich andere Leute rechtzeitig, so daß ich verschwinden konnte. Es gab die verschiedensten Ereignisse in diesen Jahren, die ich nicht alle schildern kann. Aber eines ist deutlich: Gott verläßt keinen, der auf ihn vertraut. Dafür sei dem Allmächtigen Dank und Ehre.

Sippenhaft

Da die «Genossen» meiner nicht habhaft werden konnten, begannen sie, die Familie meines Bruders zu schikanieren. Hier einige Beispiele:

Am 10. Oktober 1985 schellte gegen 20 Uhr an meiner Wohnung die Türklingel. Im Treppenhaus war es finster. Auf die Frage, wer draußen sei, kam die Antwort: «Miliz!» Man bittet von drinnen, das Licht im Treppenhaus anzuschalten – der Schalter ist neben der Glocke. Das Licht wurde jedoch nicht angeschaltet, dafür schrillte die Türglocke zornig weiter, begleitet von den Rufen: «Miliz, Miliz, Miliz!» Da kommt irgend jemand von draußen ins Haus und macht Licht. Tatsächlich sieht man jetzt, daß vor der Tür ein uniformierter Milizmann steht. Mein Bruder öffnet ihm.

Ein Beamter in der Uniform eines Milizleutnants kommt in die Wohnung, und – ohne zu grüßen oder seinen Dienstausweis zu zeigen – fängt er an, aufgeregt in Russisch zu schreien: «Warum habt ihr mich nicht hereingelassen? Warum habt ihr denn solche Angst? Habt ihr etwa so viel Geld?»

«Wenn wir nicht sehen können, wer klingelt, öffnen wir auch das nächste Mal nicht. Wir fürchten uns tatsächlich vor Einbrechern, denn wir sind schon zweimal bestohlen worden. Im übrigen wissen wir auch jetzt nicht, wer Sie sind, denn wir sehen Sie zum ersten Mal.»

«Ich bin ein Inspektor der Miliz», stellte sich daraufhin der Mann vor.

«Unlängst hat uns aber ein anderer Milizinspektor besucht, der uns seine Visitenkarte mit Namen und Telefonnummer hinterlassen hat», bemerkten meine Angehörigen.

«Wegen solcher Leute wie dieser Sadunaite müssen ja die Milizinspektoren dauernd gewechselt werden!»

Dann fragte er plötzlich: «Ist Nijole Sadunaite zu Hause? Wann

wird sie zu Hause sein? Wo arbeitet sie? Sie soll mir eine Arbeitsbescheinigung zustellen. In einer Woche komme ich wieder,
und wenn die Arbeitsbescheinigung dann nicht da ist, werde ich
jeden Tag zu Ihnen kommen.»

Dann verlangte er die Personalausweise zu sehen. Er zog ein
Schreiben aus der Tasche und sagte: «Ich habe keine Befugnis,
Ihnen dieses Schreiben zu zeigen». Damit legte er es auf den
Tisch. Bis er die Personalausweise überprüft hatte, konnten
meine Angehörigen lesen, daß das Schreiben vom 3. Oktober
1985 und an den Vorsteher der Abteilung für innere Angelegenheiten des Oktoberrayons der Stadt Vilnius, Oberstleutnant C.
Blazys, adressiert war. In dem Schreiben stand: «Die Verwaltung der Kooperative Nr. 99 für Wohnungsbau teilt Ihnen mit,
... daß Nijole Sadunaite schon seit 5 Jahren nicht mehr in ihrer
kooperativen Wohnung wohnt, nirgends arbeitet ... Wegen antisowjetischer Tätigkeit war sie zu 6 Jahren verurteilt ...» Das
Schreiben war mit Schreibmaschine geschrieben und umfaßte eine ganze Seite. Es war vom Vorstandsvorsitzenden der Kooperative Nr. 99, Petras Ziupsnys, unterzeichnet.

Der arme Ziupsnys sollte sich wegen Verkalkung behandeln lassen, denn er selbst hat im Herbst 1982 mit zwei «Genossen» in
unserer Wohnung unsere Personalausweise kontrolliert. Als er
meinen Personalausweis in der Hand hatte, amüsierte er sich
noch darüber, daß mein Name nicht richtig geschrieben war (der
Ausweis war mir in Sibirien nach meiner Verbannung ausgestellt
worden, und mein Name war tatsächlich falsch geschrieben). Er
spottete außerdem über das Bildchen mit dem Antlitz Christi,
das ich in der Hülle des Personalausweises hatte. Ich erinnere
mich noch ganz genau daran, doch der Arme hat es schon «vergessen». Nachdem er die Personalausweise überprüft und bestätigt hatte, daß alles in Ordnung sei, war er damals gegangen.
Ziupsnys hat mich also nicht vor 5 Jahren zum letzten Mal gesehen, sondern erst vor 3 Jahren. Er schreibt, daß ich nirgends arbeite, wo doch mein Arbeitsgesuch bei ihm lag. So sieht eben die
sowjetische «Wahrheit» aus. Möge der gütige Gott ihm seine

Lügen nicht anrechnen, denn er ist in diesem Geiste erzogen worden!

Nachdem also am 10. Oktober 1985 der Inspektor der Miliz die Personalausweise überprüft hatte, fragte er, warum ich keine Arbeit in Vilnius annehme. Man erklärte ihm, daß man mir nach meiner Rückkehr aus der Verbannung in Sibirien nicht einmal gestattete, als Putzfrau in einem Kaufhaus zu arbeiten. Deswegen hätte ich die Stelle einer Hilfskraft in der Kirche von Paberze angenommen.

Nach der Bezahlung der Einkommensteuer blieben mir noch etwa 27 Rubel monatlich. Meine Angehörigen legten sofort die Quittungen über die von mir an die Finanzabteilung entrichtete Einkommensteuer vor. Sie erstreckten sich über einen Zeitraum von mehreren Jahren. Es wurde dem Inspektor sodann erklärt, daß am 24. Juni 1985 meine Arbeitsbescheinigung bei der Vertreterversammlung der Kooperative, Petras Ziupsnys, abgegeben worden sei; dieser habe sogar den Wortlaut der Bescheinigung allen laut vorgelesen. Das hätten alle 13 Vertreter gehört, die bei der Versammlung anwesend waren.

Der Milizmann bestand darauf: «Ich benötige eine neue Arbeitsbescheinigung von Nijole Sadunaite!»

«Unser früherer Milizinspektor hat eine Arbeitsbescheinigung von Nijole gehabt; sie müßte bei ihren Akten sein», wurde dem Inspektor erklärt. Doch er versteifte sich darauf, er brauche eine neue Arbeitsbescheinigung.

Auf die Frage, wie oft man sich im Jahr eine neue Arbeitsbescheinigung ausstellen lassen könne, antwortete er nicht.

Nach kurzem Schweigen fragte der Inspektor, nach welchen Paragraphen ich eigentlich verurteilt worden sei.

«Wir wissen es nicht, weil die Lagerverwaltung in Mordwinien die Abschrift des Urteils nicht an Nijole zurückgegeben hat, obwohl sie mehrmals um die Rückgabe nachgesucht hat. Als sie nach der Verbannung wieder in Vilnius war, schrieb sie am 11. Juni 1981 eine Erklärung an den Vorsitzenden des Obersten Gerichts der LSSR und bat darin, ihr eine Abschrift des Urteils auszustellen. Auf ihr Gesuch antwortete der Stellvertreter des Vorsitzenden des Obersten Gerichts der LSSR, M. Ignotas, daß Abschriften von Urteilen bei Prozessen dieser Kategorie nicht zum zweiten Mal ausgestellt werden.»

Nachdem der Milizinspektor sagte, es sei wohl nötig, sich noch öfter zu treffen, ging er schließlich ohne Gruß weg. Die Unterhaltung hatte eine halbe Stunde gedauert.

Als er weg war, lief die neunjährige Tochter Marija zu meinem Bruder, schmiegte sich an ihn und sagte: «Papi, der Milizmann, der vor der Tür ‹Miliz, Miliz, Miliz› geschrien hat, hat mir so einen Schrecken eingejagt ...» Mich umarmt sie oft und fragt: «Was würde er dir tun, wenn er dich erwischen würde? Ich liebe dich so sehr und bete jeden Abend für dich.» Ich sage ihr immer: «Sei unbesorgt, Marija, das Gebet unschuldiger Kinder ist mächtig, und deswegen geschieht mir nur das, was am allerbesten ist!» Aus ihren großen dunklen Augen verschwindet dann die Angst, und sie lächelt wieder.

Bedrohung der kleinen 9jährigen Nichte

Der arme Milizinspektor schikanierte meinen Bruder und seine Frau noch öfter. Und nicht genug damit – er begann auch, der neunjährigen Tochter Marija Angst einzujagen.

Am 1. November 1985 wurde mein Bruder ins Krankenhaus gebracht. Diagnose: Nieren- und Augentuberkulose. Als im November desselben Jahres die Frau meines Bruders bis 21 Uhr arbeitete und die Tochter Marija nachmittags allein zu Hause war, kam öfter ein Milizmann, schlug an die Tür und schrie: »Aufmachen!» Nachdem das Kind das erste Mal derart in Angst gejagt worden war, fand die Mutter bei ihrer Rückkehr ihr Töchterchen sehr verschreckt in der Toilette eingeschlossen. Marija sagte, ein Milizmann sei gekommen, habe laut geschrien und an die Tür geschlagen. Deswegen habe sie sich in der Toilette versteckt. Nachdem der Milizmann ihr zum zweiten Mal einen sol-

chen Schrecken eingejagt hatte, fand die Mutter Marija unter
dem Schreibtisch sitzend. Neben ihr stand die Tischlampe auf
dem Fußboden, und so machte sie ihre Schulaufgaben. Obwohl
ihre Augen noch voller Angst waren, lächelte sie ihrer Mutter zu
und sagte: «Mama, man muß sich abhärten. Ich habe keine
Angst mehr vor diesem Milizmann. Soll er doch ruhig an die Tür
schlagen und schreien!»

Das dritte Mal war eine Frau bei Marija, die in der Wohnung
Malerarbeiten ausführte. Als der Milizmann an die Tür zu schlagen und zu schreien begann, öffnete die Frau und ließ ihn herein.
Gleich herrschte er die Frau an: «Weißt du denn nicht, daß hier
antisowjetische Menschen wohnen? Warum weißelst du bei ihnen die Wände?» Die Frau erwiderte in aller Ruhe, die Woh-
nungswände seien bei allen Leute gleich. Der Mann erkundigte
sich, wo mein Bruder sei; er müsse angeblich zu einem Verhör
kommen.

Mein Bruder wurde am 27. November 1985 aus dem 2. Krankenhaus in Vilnius zur wissenschaftlichen Untersuchung der
Tuberkulose in eine andere Klinik verlegt, wo er bis zum 8. Januar 1986 blieb. Ab 9. Januar 1986 war er zur Behandlung im
Landeskrankenhaus für Tuberkulosekranke in Kulautuva und
wurde dort am 20. Juni 1986 entlassen. Endgültige Diagnose:
Nierentuberkulose und Tuberkulose des linken Auges, entstan-
den wegen dauernder Erkältungen während seiner anderthalb-
jährigen Zwangsarbeit auf dem Bau.

Mein Bruder und seine Frau haben sich vollkommen dem Willen
Gottes überlassen. Möge uns der gütige Gott seine Wege führen!
Zur Zeit arbeitet mein Bruder als Techniker in der interregiona-
len Quarantäne-Station für Gartenbau in Vilnius. Sein Monats-
einkommen beträgt 105 Rubel.

Weiterer Kampf um die Wohnung

Der Vorsitzende der Kooperative Nr. 99, Petras Ziupsnys, gab immer noch keine Ruhe und erfüllte eifrig die Aufträge des KGB. Während der Vertreter-Versammlung am 29. September 1986 herrschte er meinen Bruder an, warum er mich nicht mitgebracht habe. Mein Bruder antwortete: «Nijole ist doch kein kleines Kind, daß ich sie mitnehmen müßte; außerdem ist sie ja vor 14 Monaten aus der Kooperative hinausgeworfen worden.» Ziupsnys antwortete: «Nijole Sadunaite muß bei der Staatsbank ihre Einzahlungen für die Kooperative-Wohnung abholen.»

Mein Bruder bat, die Artikel 30 und 75 des Ministerialrats-Beschlusses der LSSR vom 28. Februar 1983 vorzulesen. P. Ziupsnys verlas den Artikel 30: «Die Ersparnisse der Anteile werden einem aus der Kooperative ausgetretenen Mitglied dann zurückerstattet, wenn ein in die Kooperative neu eingetretenes Mitglied seinen Anteil einbezahlt hat.»

Darauf überreichte er meinem Bruder einen Zahlungsbescheid, wonach er 6148 Rubel und 86 Kopeken bei der Staatsbank einzuzahlen habe. Ziupsnys sagte: «Wir werden einen Monat zuwarten. Wenn Nijole Sadunaite innerhalb dieser Zeit ihre Anteileinzahlungen bei der Staatsbank noch nicht abgehoben hat, werden ihre Gelder auf eine Depositenrechnung übertragen. Hebt sie das Geld nicht innerhalb von drei Jahren ab, dann fallen ihre Anteile von 5040,50 Rubel dem Staat zu.»

Ferner fuhr er meinen Bruder an: «Wo versteckt sich Nijole Sadunaite? Wo wohnt sie? Schon seit fünf Jahren sehe ich sie nicht mehr. Auch von den anderen Bewohnern der Kooperative bekommt keiner sie zu Gesicht!»

Mein Bruder antwortete: »Wenn Nijole schon seit fünf Jahren von niemandem aus der Kooperative gesehen worden ist, wieso konnten Sie dann bei der Vertreter-Versammlung vom 8. Juli 1985 behaupten, daß sie die Kooperative und die sowjetischen Gesetze verleumde? Wer soll denn gehört haben, daß Nijole die Kooperative verleumdet?»

«Nijole Sadunaite hat an Radio Vatikan eine verleumderische Information übermittelt», beharrte Ziupsnys. Auf die Frage meines Bruders, ob er selber diese Nachricht gehört habe, antwortete Ziupnys: «Alle haben gehört, wie Radio Vatikan unsere Kooperative verleumdet hat.»

«Und wo ist der Beweis, daß diese Information von Nijole stammt?» Auf diese Frage antwortete der Sekretär der Versammlung, G. Leonavicius: «Wenn wir Nijole damit Unrecht tun, dann übergeben Sie doch das Ganze dem Gericht!»

«Sie haben Nijole tatsächlich zu Unrecht aus der Mitgliedschaft der Kooperative verwiesen, denn sie hat keine andere Wohnung», stellte mein Bruder fest und fuhr fort: «Können Sie mir denn eine Adresse angeben, wo Nijole ständig wohnt? Solange sie keine andere Adresse von ihr haben, hätten Sie sie auch nicht aus der Kooperative verweisen dürfen.»

Darauf erklärte Ziupsnys: »Nijole Sadunaite reist in der ganzen Sowjetunion herum und wohnt also nicht bei Ihnen!»

«Ist denn irgendwo eine Zeit vorgeschrieben, wie lange ein Mitglied der Kooperative seiner Wohnung im Höchstfall fernbleiben darf?», widersetzte sich mein Bruder. Darauf wußte Ziupsnys keine Antwort.

Ziupsnys behauptete, weder er noch andere Leute aus der Kooperative hätten mich in den letzten fünf Jahren gesehen. Woher wollte er aber wissen, daß ich in der ganzen Sowjetunion herumreise? Es wäre interessant zu erfahren, ob er das etwas vom KGB hat …

Solche Zeugen wie der arme Ziupsnys sagen in sowjetischen Prozessen gegen Gewissensgefangene das aus, was das KGB von ihnen hören will. So sieht die sowjetische Wirklichkeit aus!

Gefahren im Untergrund

Aus Briefen, die ich immer seltener, nur noch ganz vereinzelt bekomme, erfahre ich, daß die meisten meiner Bekannten, die für die Wahrheit im GULAG gelitten haben, schon wiederholt verhaftet wurden. Der gütige Gott weiß, daß das Böse in dieser Welt nur durch Opfer getilgt werden kann. Er sucht sich dazu jene aus, die seine Liebe schon von Ewigkeit her auserwählt hat. Die leidenden Gewissensgefangenen sind das Salz der Erde.

Soweit meine Lage es erlaubt, habe ich mich die ganze Zeit bemüht, mich an der großen und heiligen Aufgabe zu beteiligen, der geschändeten, von den Sowjets verfolgten Kirche in Litauen zu helfen. Diese heilige Aufgabe erfüllt die «Chronik der litauischen katholischen Kirche», indem sie die der Kirche zugefügten Wunden aufzeigt und alle auffordert, der Wahrheit und der Liebe die Treue zu halten. Deswegen habe ich nach Möglichkeit die «Chronik der L.K.K.» und andere Untergrundschriften und religiöse Literatur verbreitet. Bei den Vernehmungen vor vielen Jahren kündigte ich dem KGB-Major V. Pilelis an, die «Chronik der L.K.K.» wieder zu verbreiten, wenn Gott es so füge, daß ich wieder aus dem GULAG zurückkehre. Mit Gottes Hilfe löse ich dieses Versprechen ein.

Ich freue mich und danke Gott, daß die Nummern der «Chronik der L.K.K.» immer zuverlässiger herauskommen und bald die 100. Nummer erreichen werden.[6] Vor einigen Jahren wünschte mir eine edle Person, die 100. Nummer der «Chronik» veröffentlichen zu dürfen. Gehen nicht Wünsche heiliger Menschen in Erfüllung?

Während meiner Tätigkeit hatte ich mit Menschen Kontakt, die ständig unter der Beobachtung des KGB standen. Es gab in diesen Jahren viele dramatische Augenblicke. Und immer glich die Hand des gütigen Vaters meine Ungeschicklichkeiten aus, so daß niemand zu Schaden kam. Es ist wahr: Meine Schwäche ist meine Stärke! Gepriesen sei die Barmherzigkeit Gottes!

Hier nur einige Fragmente aus meinem Leben im Untergrund.

Der Priester Rokas Puzonas besucht Viktoras Petkus (links) am 15. Juli 1988 in der Verbannung. Zur Zeit der Drucklegung dieses Buches kam die Nachricht von seiner Freilassung.

Eines Tages ging ich zu Bekannten, bei denen ich schon oft mit Untergrundliteratur war und die, wie ich wußte, besonders vom KGB beobachtet wurden. In ihrer Wohnung und in ihrem Telefon sind überall Abhörvorrichtungen eingebaut. Oft wird ihre Wohnung durchsucht. Das KGB verhört sie und droht, mit ihnen schon fertig zu werden. Ihre Nachbarn sind Informanten des KGB und beobachten jeden, der kommt und geht – mit einem Wort: ein vollkommenes System der Erpressung.

Bei meinen Besuchen sprechen wir fast nichts, sondern ich schreibe auf, was ich berichten will, damit es die «Ohren» des KGB nicht hören können. Wir verständigen uns also nur schriftlich. Das weiß auch das KGB und soll es ruhig wissen; denn nur so kann man seiner Kontrolle entgehen. Dies sollte niemand vergessen. Es ist besser, vorsichtig zu sein, um dem KGB kein Material in die Hände zu liefern. Selbstverständlich weiß jeder, daß alles Geschriebene unverzüglich vernichtet werden muß. Naßgemachtes und mit Seife eingeriebenes Papier weicht auf, und die Buchstaben verblassen. Ist eine Kanalisation vorhanden: hinunterspülen!

Wenn ich zu diesen Bekannten ging, versuchte ich immer, mein Äußeres zu verändern. Aber so, wie ich hineingegangen war, ging ich auch stets wieder hinaus.

Als ich mich diesmal zum Fortgehen anschickte, setzte ich mir spontan eine mitgebrachte Perücke auf, die mein Aussehen sehr veränderte, und band mir ein Kopftuch um. Ich war mit einer Kappe auf dem Kopf gekommen.

Es war schon spät, und niemand war unterwegs. Ich fuhr mit dem Aufzug hinunter. Auf dem Korridor brannte ein Nachtlicht. Nach Verlassen des Aufzugs mußte man noch die Treppe zur Ausgangstür hinuntergehen, die zur Straße führt. Drunten auf der Treppe standen neben der Tür zwei Männer, die wie Verbrecher aussahen. Einer wetzte soeben ein Messer an der Treppe. Beide beobachteten mich heimlich. Sollte ich davonlaufen? Ich beachtete sie nicht und ging ruhig auf sie zu, als ob ich sie nicht sähe. Ich kam zur Tür. Aber – als ob sie mir einen Streich spielen wollte – ich brachte sie nicht auf. Im Herzen herrschte eine Ruhe, wie sie in einem solchen Moment nur der gütige Gott schenken kann. Mir schoß nur der Gedanke durch den Kopf: «Wenn jetzt einer mit dem Messer zustößt, habe ich, Gott sei Dank, meinen Auftrag erfüllt!»

Wenn auch mit Verzögerung, brachte ich die Tür schließlich doch auf und ging hinaus, ohne zurückzuschauen. Erst draußen wurde mir voll bewußt, daß diese Männer mit Sicherheit auf eine warteten, die mit einer Kappe auf dem Kopf das Haus verlassen wird – auf eine solche also, die aussah wie ich, als ich das Haus betrat.

Das KGB dingt sich oft Mörder, damit diese die von ihm Verfolgten überfallen oder töten. Aber die Pläne Gottes sind nicht die Gedanken der Menschen.

Ein anderes Mal fuhr ich mit Untergrundliteratur zu anderen Bekannten. Auch sie wurden vom KGB beschattet. Als ich in die Stadt kam, wo diese Bekannten wohnten, kam mir plötzlich der Gedanke, auch gleich noch andere Leute zu besuchen, falls sich eine passende Fahrgelegenheit ergäbe. Die Fahrgelegenheit wartete schon auf mich. Sie hatte Verspätung! Kaum war ich da, kam auch die Bahn, und ich fuhr ganz woanders hin als ursprünglich geplant. Später erfuhr ich, daß die Miliz gerade zu dieser Zeit in der Wohnung meiner Bekannten nach mir gefahndet hatte. Später wurden die anderen Bekannten verhört und ausgefragt, was sie von mir wüßten. Wieder hatte mir der gütige Gott geholfen, indem er mir eingab, zunächst woanders hinzufahren. Ich bin ihm aus tiefstem Herzen dankbar für seine wunderbare Regie.

Nicht selten gelang es mir, mit Gottes Hilfe der Miliz direkt vor der Nase zu entkommen. Als ich einmal zu meinen vom KGB verfolgten Bekannten ging, kamen ihre Nachbarn – Informanten des KGB – auf den Korridor heraus und schöpften Verdacht, und sie benachrichtigten sofort die Miliz. Diese erschien mit einem Auto im Hof. Ich aber konnte mich rasch umkleiden und weglaufen.

Ein anderes Mal kam mir plötzlich der Gedanke, die Wohnung sofort zu verlassen. Kaum war ich weg, kam die Miliz, um die Personalausweise der Bewohner zu überprüfen, was sie dort seit Jahrzehnten nicht getan hatte.

Wieder ein anderes Mal sah ich auf der Straße zwei Männer stehen, als ich zu Bekannten ging, bei denen ich schon öfter übernachtet hatte. Ich bin ihnen nicht nur einmal begegnet – schon oft habe ich die Milizmänner stehen oder sitzen sehen, ohne daß es mir etwas ausmachte. Aber dieses Mal begriff ich sofort, daß sie auf mich warteten. Ich ging nicht in das Haus hinein, sondern verbarg mich und beobachtete sie. Nach kurzer Zeit wurde es klar, daß sie tatsächlich auf mich warteten.

Ich möchte dies nun nicht bis ins kleinste schildern, um die bewußten Leute nicht zu gefährden. Die Miliz befragte meine Bekannten über mich; ich aber war zu dieser Zeit schon längst verschwunden. Der gütige Gott hat mir immer im rechten Moment geholfen. KGB-Leute und Milizmänner, meine armen Brüder – wieviel Plage haben sie mit mir!

Wir wollen für sie beten, daß sie bei der Fahndung nach mir unseren guten himmlischen Vater finden und ihn lieben lernen.

Der heiligmäßige Arzt
Dr. Friedrich Josef Haass

Außergewöhnlich ist auch die Geschichte meiner Erinnerungen «wie ich unter das fixierende Objektiv des KGB geriet». Ich wurde immer wieder aufgefordert, meine Erinnerungen niederzuschreiben, doch konnte ich mich nie dazu entschließen. Ich bezweifelte, daß es etwas nütze. Aber ich wünschte sehr, daß das Opfer der orthodoxen Russen im Konzlager in Mordwinien nicht unbekannt bleibe.

Die Tage gingen dahin. Das Leben im Untergrund hat manche Romantik. Wie vielen guten Menschen bin ich in diesen Jahren begegnet.

Der Prozeß gegen meinen Bruder rückte immer näher. Mein Herz blutete. Was bedeuten die persönlichen Schwierigkeiten gegenüber dem Leiden der Nächsten! Aber auch das ist der Wille Gottes. Fiat! Es geschehe so, wie Du, Gott, es willst! Doch ich muß gleichzeitig alles tun, um den unschuldig Verfolgten zu helfen.

So fuhr ich nach Moskau, um einen Rechtsanwalt für meinen Bruder zu suchen. Leider sind auch hier alle vom KGB eingeschüchtert. Sie wissen, daß dort nicht zu helfen ist, wo das KGB seine Finger im Spiel hat, mag die Anklage auch noch so sehr aus der Luft gegriffen sein. Ich fand keinen Rechtsanwalt.

Da erinnerte ich mich daran, daß in Moskau ein deutscher Katholik begraben ist, der Augenarzt Friedrich Josef Haass, der 51 Jahre lang den Unglücklichsten gedient und ihnen die ungeteilte Liebe seines gütigen Herzens geschenkt hat. Von ihm hatte mir der verstorbene russische Geistliche Sergeij Zeldukow nach Sibirien geschrieben. So fuhr ich zum deutschen Friedhof, um am Grabe von F. J. Haass zu beten. Obwohl er schon 1853 in die Ewigkeit hinübergegangen ist, blühen auf seinem Grab immer frische Blumen. «Die Liebe höret nimmer auf!» Oft blieb einer der Vorbeigehenden an seinem Grab stehen und betete.

Diesem großen Liebenden vertraute ich den Prozeß meines geliebten Bruders an. «Du, der du dich in diesem Leben ganz für die Gefangenen, die Kranken und die Benachteiligten verausgabt hast, vermagst jetzt, wo du im Frieden des Herrn bist, noch mehr. Sei du der Verteidiger und Beistand meines Bruders!» Ich wußte, daß er mich nicht im Stich lassen würde. Auf der Suche nach Hilfe vergessen wir oft jene, die uns am meisten helfen können und wollen − die Bewohner des Himmels. Ich wurde nicht enttäuscht. Etwas später erfuhr ich bei einem Telefongespräch mit der Frau meines Bruders, daß der Prozeß am 24. Mai stattfinden werde. Das ist das Fest von der heiligsten Jungfrau «Maria Hilfe der Christen!» F. J. Haass fand für meinen Bruder die allerbeste Verteidigerin, die heiligste Mutter Gottes! Ich freute mich und dankte ihm.

Obwohl ich vom Thema abweiche, vermag ich nicht weiterzuschreiben, ohne das Leben dieses Freundes der Armen kurz zu erzählen. Ich benütze zu diesem Zweck die Bücher von M. O. Menschikow und A. F. Koni.

Friedrich Josef Haass wurde 1780 in Deutschland, in Münstereifel, in einer christlichen Familie geboren. Er wurde in einer katholischen Schule erzogen. Von Jugend an weihte er sein Leben Gott, und das gab ihm wunderbare Kraft. Er studierte Philosophie, Mathematik und Medizin. Der Mensch war für ihn ein lebendiges Heiligtum Gottes.

Als 22jähriger wurde der Augenarzt F. J. Haass nach Moskau gerufen, um einen russischen Adeligen zu behandeln. Wenn 100 Jahre später Rußland für einen West-Europäer noch ein barbarisches Land war − was muß man dann über die Sitten jener Zeiten sagen! F. J. Haass ließ sich aber nicht beirren. Er, der große Menschenfreund und begabte Arzt, blieb in Moskau. Es öffneten sich ihm alle Türen der Krankenhäuser Moskaus.

Noch 100 Jahre später, als M. O. Menschikow über ihn schrieb, war Moskau eine der rückständigsten Hauptstädte der westlichen Welt, mit einer Sterblichkeitsrate von 30 %. F. J. Haass behandelte alle Augenkranken, nicht nur die in den Krankenhäusern, sondern auch die in den Armenhäusern. Er verbrachte seine Jugendjahre damit, den Allerärmsten zu helfen. Für Doktor F. J. Haass war es eine Freude, die Armen, die Invaliden, die von allen Vergessenen behandeln zu dürfen. Er war einfach und unkompliziert wie ein Kind. Wegen seines opfervollen Lebens wurde er mit dem Wladimir-Orden ausgezeichnet.

Der noch junge, temperamentvolle Sanguiniker F. J. Haass stellte seine ganzen Kräfte, seine ganze Zeit und Liebe in den Dienst der Leidenden. Seinen Arztberuf betrachtete er als heiligen Auftrag.

Nach der Beerdigung seines Vaters 1814 kehrte er nach Moskau zurück und war schon damals ein von allen anerkannter Arzt. Er rieb sich im Dienste an den Kranken auf, rettete Tausende von Menschen, die plötzlich erkrankt waren und die man auf der Straße ausgesetzt hatte.

Mit 47 Jahren trat er dem inzwischen gegründeten Komitee zur Hilfe der Gefangenen bei. Auf diese Arbeit läßt sich F. J. Haass mit der Begeisterung eines Jugendlichen, mit seinen ganzen Kräften ein. Er wurde das Herz dieses Komitees.

Die Gefängnisse jener Zeit waren grauenhaft: Feucht, ohne frische Luft, ohne Licht, vollgepfropft mit Gefangenen, die auf dem Fußboden schliefen, voller Ungeziefer. In Gefängniszellen mit Platz für 50 Personen wurden 200 eingepfercht. Kinder, Erwachsene, alte Menschen, Kranke mit ansteckenden Krankheiten – alle wurden zusammengepfercht. Viele von ihnen schwollen vor Hunger an und starben. Trotz der Kälte in den Zellen hatten manche weder Kleider noch Schuhe an. Manche der Gefangenen waren an schweren Klötzen angeschmiedet, und den Frauen wurden eiserne Ringe um den Hals gelegt, in denen drei spitze Nadeln so angebracht waren, daß sie sich weder am Tag noch in der Nacht hinlegen konnten, und so beließ man sie einige Wochen. Manche starben, an den Klötzen angeschmiedet ...

Weshalb diese Qualen? Meistens genügte es schon, ein Leibeigener zu sein ... Sie litten, weil ihre Herren es wollten.

Wieviele Hunderttausende unschuldiger Menschen wurden in Moskau gepeinigt, und niemand hat sie «bemerkt», weder Puschkin, noch Lermontow, noch Gogol, noch Turgenew, noch Schukow, die damals alle in Moskau lebten. Aber ein Deutscher von den Ufern des Rheins, der Arzt F. J. Haass, sah sie und diente ihnen mit übermenschlichen Kräften sein ganzes restliches Leben lang – nämlich 25 Jahre!

Noch grausamer war das Los jener, die nach Sibirien geschickt wurden – wenn man sich überhaupt noch eine Steigerung vorstellen kann. «Wladimirka – ein Weg bitteren Schmerzes!» Ausgemergelte, halbnackte, kranke Verhaftete, an eisernen Ketten angeschmiedet, im Sommer von der unbarmherzigen Sonne der Steppe gebraten, und im Winter durch klirrenden Frost erstarrt, wanderten zu Fuß von Gefängnis zu Gefängnis. Die Menschen wurden an einem eisernen Ring zu acht bis zehn Personen angeschlossen, und so mußten sie, alle gemeinsam, Hunderte oder sogar Tausende von Kilometern gehen. Die Schwächeren konnten nicht mit den Stärkeren Schritt halten. Sie wurden deswegen geschimpft, mitgeschleppt, und die eisernen Handschellen drangen tief in das Fleisch der Hände ein. Im Sommer brannte das Eisen, und im Winter fror es am Körper fest. Auch in der Nacht wurden die Verhafteten nicht von dem Ring getrennt, es sei denn, jemand war als Toter mitgeschleppt worden.

So wanderten Tausende von Verbannten Rußlands, an einem Ring angeschlossen, in schwarzer Hoffnungslosigkeit, lange Jahre hindurch ... Aber im riesigen christlichen Rußland fand sich niemand, der diesen ihren unermeßlichen Schmerz, diese unmenschliche Qual bemerkt hätte. Ein Deutscher sah es, ein Christ! Er beugte sich zu dem stinkenden Lazarus, brennend vor Liebe bis zu seinem Tod. Haass begann als erster den Kampf gegen den eisernen Ring, an den die unseligen Verbannten angeschmiedet waren, und setzte seinen Kampf durch Jahre hindurch fort ...

Außer dem Fürsten Golicin waren alle gegen die Neuerungen des Arztes F. J. Haass. Die bürokratischen Beamten verteidigten sich: Es sei alles in Ordnung, der Ring sei eine normale Sache und belaste die Gefangenen nicht. Erst nach langem Kampf gelang es F. J. Haass, das Gewicht der Handschellen um die Hälfte zu reduzieren, sie zu verkleinern und mit Leder zu beziehen, damit sie die Hände nicht wundreiben konnten ...

Der Gouverneur Seniawin kam 1830 zu F. J. Haass und fand ihn, mit angeketteten Händen und Füßen, ununterbrochen in seinem Zimmer auf- und abgehend, sehr erschöpft und die Schritte zählend. Es stellte sich heraus, daß F. J. Haass sich selbst die schon leichteren Ketten angelegt hatte und in seinem Zimmer dieselbe Wegstrecke zurücklegte, die der ersten Etappe entsprach. So probierte er die Ketten aus, um an sich selbst zu erfahren, wie man an solchen Ketten gehen kann. Nach einem harten und langen Kampf, der nur durch Selbstentsagung und unendliche Liebe zu den Leidenden ausgetragen wurde, gewann F. J. Haass: Der Ring wurde verboten, leichtere Handschellen wurden eingeführt, sie wurden mit Leder bezogen, und die Köpfe der Gefangenen wurden nicht mehr kahlrasiert.

In F. J. Haass loderte ein wundervolles Feuer der Nächstenliebe, und die Gefangenen nannten ihn «Mann Gottes».

F. J. Haass selbst lebte sehr bescheiden. Um 6 Uhr morgens stand er auf. Tee betrachtete er als Luxus und trank den Aufguß von Johannisbeerblättern. Bis 8 Uhr beschäftigte er sich mit Lektüre und bereitete die Medikamente vor. Um 8 Uhr nahm er die Besuche der Armen an, und sein eigenes liebendes Herz entzündete sich neu an deren Schmerzen und Not. Er half jedem, so sehr er nur konnte. Es war der erste Kreis des Danteschen Infernos.

Um 12 Uhr besuchte er das Polizeikrankenhaus – den zweiten Kreis des Infernos von Dante. Von dort ging er ins Gefängnis – den dritten Kreis; nachher in das Verschickungsgefängnis, wo jene harrten, die nach Sibirien unterwegs waren.

Überall, wohin er nur kam, umgab ihn immer tiefer und tiefer der menschliche Schmerz. Unermüdlich war er den ganzen Tag auf den Beinen, ohne sich etwas Ruhe zu gönnen. Sein ganzes Hab und Gut – sein Haus, sein Gutsbesitz, seine Fabrik, 4 Pferde und eine Karosse, schmolzen langsam zum Wohl der Armen dahin.

Um 17 Uhr aß er zu Mittag. Er war sehr enthaltsam im Essen und nahm niemals alkoholische Getränke zu sich. Alles, was er bekam, gab er an die Armen weiter.

Nach dem Mittagessen ging er zu einflußreicheren Bekannten, um für die Armen Hilfe zu besorgen. F. J. Haass war immer gleichmäßig ruhiger Stimmung. Er lachte nur selten, war in sich gekehrt und mied unnötige Begegnungen. Im Freundeskreis unter den Seinigen war er gesprächig, redete aber niemals über sich selbst, sondern immer über jene, die ihm schmerzlich am Herzen lagen. Er war lauter wie ein Kind. Er bat niemals um eine Unterstützung für seine Armen, sondern erzählte nur, wie unglücklich sie seien. Er war um nichts in der Welt zu bewegen, sich hinzustellen und porträtieren zu lassen. Wenn dennoch ein Bild von ihm gemalt wurde, geschah es ohne sein Wissen. Der Zeichner muß sein Werk heimlich ausgeführt haben.

Bis spät in die Nacht fuhr er umher, kümmerte sich um die Gefangenen, verteidigte und besuchte sie, besorgte ihnen die nötigen Dokumente und schrieb über sie. Er arbeitete unermüdlich bis spät in die Nacht. Seine einzige Erholung war, durch ein Teleskop den Sternenhimmel zu bewundern. Erst wenn in seinem Zimmer keine Kranken mehr waren, die er auf der Straße aufgelesen hatte und die er auch nachts versorgte, ging er schlafen. Und wieder ein Morgen — Beginn einer schweren, selbstlosen Arbeit. So vergingen Tage, Monate und Jahre ...

Bei der Arbeit für die Unglücklichen vergaß F. J. Haass alles auf dieser Welt. Er hatte begriffen, daß ein fruchtloses Leben entsetzlich ist, und daß die Freude in Gott aus der Erfüllung der Pflichten wächst.

F. J. Haass war sehr religiös. Er lebte in Gott. Er erwähnte Gott in seinen Schreiben an die Gendarmen, die Beamten, an den Metropoliten und in seinen zahllosen Gesprächen mit den Gefangenen und Kranken. Der Katholik F. J. Haass sorgte dafür, daß die orthodoxen Gefangenen sonntags in der orthodoxen Gefängniskirche einem Gottesdienst und einer Predigt beiwohnen konnten. Er selbst betete jeden Sonntag in dieser Kirche mit den Ge-

Friedrich Josef Haass nach einer Profilzeichnung, die der Generalgouverneur Fürst Tscherbatow unbemerkt anfertigen ließ, denn Doktor Haass war um nichts in der Welt zu bewegen, sich porträtieren zu lassen.

fangenen. Es spielte für ihn keine Rolle, daß er Katholik war! Für sein eigenes Geld besorgte er religiöse Bücher für die Gefangenen. Von dem englischen Kaufmann A. Mupaliz besorgte er sich eine Unterstützung, und dieser schickte auf eigene Kosten mehr als 20 Jahre lang den Gefangenen jährlich 10 000 Evangelienbücher und andere religiöse Literatur im Wert von etwa 2 000 Rubel pro Jahr. Der Deutsche in Moskau und der Engländer in Petersburg versorgten die orthodoxen Gefangenen mit religiöser Literatur.

F. J. Haass erwirkte, daß die Gefangenen, bevor sie nach Sibirien geschickt wurden, in Moskau ihre Beichte ablegen und die hl. Kommunion empfangen konnten, «damit sie vor dem neuen Abschnitt ihres Lebens in ihren Herzen gestärkt werden». Er selbst schneiderte seinen geliebten Schwerstarbeitsgefangenen kleine Täschchen zusammen, worin sie ihre religiöse Literatur aufbewahren konnten. Er lehrte sie, nicht zu fluchen, niemand zu verurteilen und nicht zu lügen. Auf eigene Kosten besorgte er für die schwächeren Gefangenen Wagen, damit diese nicht zu Fuß gehen mußten. Er nannte die Gefangenen «Täubchen» und «Geliebte» und küßte sie nicht selten. Immer hörte er ihre Bitten an, und wo er nur konnte, half er ihnen. Er war für sie alle der liebende Vater! Die Lebensparole von F. J. Haass war: «Eilt euch, Gutes zu tun!» Er sagte zu den Frauen: «Die Frau muß durch die Güte ihres Herzens und durch ihre hohe Sittlichkeit ihren Mann gewinnen und ihn zu Christus emporführen!»

F. J. Haass lebte für Gott, und Gott lebte ihn ihm. Er lebte 51 Jahre lang in Moskau und tat Gutes, wo zu jener Zeit eine Pest der Selbstsucht und der Grausamkeiten herrschte. Er arbeitete für zehn, ohne sich selbst zu schonen, und sorgte sich um die Kranken, Gefangenen, Leibeigenen, Obdachlosen. Er war 25 Jahre im Komitee des Gefängnisses tätig. 217 Mal schrieb er Bittgesuche, damit es den Kindern der Leibeigenen erlaubt werde, mit ihren Eltern nach Sibirien zu gehen. Die Gutsbesitzer schickten die Eltern nach Sibirien, behielten jedoch die Kinder als Arbeitskräfte. Auf seine Initiative wurden 74 Kinder freigekauft und ihren Eltern zurückgegeben. Alles bezahlte er aus der eigenen Tasche. In den Jahren der Hungersnot 1847–48 spendete er 11000 Rubel, um den Gefangenen eine bessere Verpflegung zu gewährleisten. Er unterstützte jene, die aus den Gefängnissen und aus Sibirien zurückkehrten, damit sie wieder ein anständiges Leben beginnen konnten. Deswegen mußte er auf Kosten der Polizei beerdigt werden, als er am 29. August 1853 im Herrn entschlief; denn er besaß nichts mehr. So veranlaßte er, wenn auch erst nach seinem Tode, die Polizei, auch einmal etwas Gutes zu tun …

In seinen letzten Lebensjahren erfuhr er, daß im Krankenhaus ein elfjähriges Mädchen liege, das an Gesichtskrebs erkrankt war, der innerhalb weniger Tage die Hälfte seines Gesichtchens samt Nasenflügeln und einem Auge zerfressen hatte. Das verdorbene Gewebe verbreitete einen solchen Gestank, daß es weder die Ärzte noch die Pflegerinnen, ja nicht einmal die liebende Mutter länger in dem Zimmer des kranken Mädchens aushalten konnten. Als Haass dies erfuhr, ging er zu dem Mädchen und blieb gleich drei Stunden dort. Er besuchte es auch den nächsten zwei Tagen, setzte sich zu ihm, streichelte sein Gesichtchen, küßte und segnete es, und am dritten Tag starb das Kind.

F. J. Haass lehrte: «Lernt zu vergeben und euch zu versöhnen! Überwindet das Böse mit Gutem! Die Vergebung zeugt Liebe, und man muß viel vergeben, damit viel Liebe entsteht.» «Der allersicherste Weg zum Glück ist: andere glücklich machen!» «Man muß die Menschen lieben! Je öfter wir unsere Liebe zeigen, desto stärker wird sie.»

Sein ganzes Leben war Vorbild und Lehre. Obwohl er sich sein Leben lang nicht um sich selbst kümmerte, sondern um andere, war F. J. Haass trotz seiner ständigen körperlichen und geistigen Anstrengungen auch noch mit 75 Jahren vital und wurde nur durch Zufall mit einem Karbunkel infiziert; danach mußte er seine Tätigkeit aufgeben. Dem Tod ging er mit der gleichen Gelassenheit entgegen, wie er gelebt hatte. Sein Antlitz strahlte Ruhe und Güte aus. Nicht nur verlor er keine Klage über seine Schmerzen, sondern er erwähnte auch mit keinem Wort sich selbst oder seine Krankheit.

In der Vorahnung des nahen Abschieds sorgte sich F. J. Haass besonders um seine Unglückseligen. Er schrieb Testamente, wie ein Mensch, der sich für eine weite Reise vorbereitet, und war ganz gefaßt. Nur einmal sagte er zu seinem Freund, dem Arzt Dr. Pohl: «Ich habe nie geglaubt, daß der Mensch so viele Schmerzen ertragen kann.»

Als er spürte, daß der Tod nahe bevorstand, bat er, die Tür zu öffnen, damit alle, die es nur wollten, Abschied von ihm nehmen konnten.

Am 29. August 1853 (nach dem neuen Kalender) kehrte seine reine Seele zum gütigen Gott heim. Sein Körper blieb bis zur Beisetzung von der Verwesung bewahrt, sein gewohntes gütiges Lächeln blieb auf seinen Lippen.

20 000 Menschen nahmen an seiner Beisetzung teil und man trug seinen Sarg auf Händen zum Friedhof. Die verwaiste Menschenmenge weinte in tiefer Trauer. Als die orthodoxen Geistlichen ihren Metropoliten fragten, ob man für einen Katholiken beten dürfe, antwortete er: «Nicht für ihn, sondern zu ihm soll man beten!» In allen Kirchen fanden feierliche Gottesdienste für ihn statt. Die Bürger Moskaus haben seine Liebe bis heute nicht vergessen – sein Grab ist mit Blumen bedeckt. Die Russen nennen ihn «unseren Fiodor Petrowitsch!» Durch seine Liebe gehört er allen.

Über seinem Grab erhebt sich ein Denkmal, eine Kugel aus rötlichem Marmor mit einem Kreuz darüber. Um das Denkmal herum hängen auf kleinen Säulen die Fesseln, die er erleichtert hat. Unten auf dem Denkmal sind sein Vor- und Familienname eingemeißelt und in lateinischer und russischer Sprache die Worte aus dem Evangelium: «Eilt euch, Gutes zu tun!»

Wie es zur Niederschrift meiner Erinnerungen kam

Ich komme nun zu meiner unterbrochenen Erzählung zurück. Nachdem ich F. J. Haass für seine Erhörung meiner Bitte gedankt hatte, ging ich durch einen Stadtpark auf die orthodoxe

Kirche zu, wo ich mich mit Bekannten treffen wollte. Auf dem Weg dorthin begegnete mir ein Mann. Als er mir näher kam, verlangsamte er seine Schritte, blieb stehen und betrachtete mich erstaunt von oben bis unten. Ich ging ohne Kopfbedeckung und ohne jegliche Maskierung. Kaum war ich an ihm vorüber, drehte er sich sofort um und folgte mir. Ich beschleunigte meine Schritte — er ebenfalls. «Hat er mich am Ende erkannt? Wenn ich nur meine Bekannten warnen könnte, daß sie nicht auf mich warten und Unannehmlichkeiten bekommen!» dachte ich, als ich in die orthodoxe Kirche eilte.

Die Kirche war — Gott sei Dank! — voller Menschen, es war gerade ein Gottesdienst. Ich mischte mich unter die Menschenmenge, band mir ein Kopftuch um und zog eine Strickjacke an, die ich bei mir hatte. Es gelang mir auch, meine Bekannten zu warnen. Dann zog ich mich in eine Seitennische zurück, wo niedrige Bänke an der Wand standen. Eine alte Frau saß dort. Nach einiger Zeit bemerkte ich zwei junge Männer, die die Anwesenden aufmerksam musterten. Es war offensichtlich, daß sie jemanden suchten. Ich überließ mich dem Willen Gottes. «Fiat! Ich bin bereit!» Vor mir war eine Ikone der heiligsten Muttergottes von Wladimir. Da schoß mir der Gedanke durch den Kopf: «Wenn sie mich heute nicht festnehmen, dann soll mir das ein Zeichen sein, daß die heiligste Mutter will, daß ich meine Erinnerungen schreibe.»

Die zwei Männer kamen langsam näher und musterten jedes Gesicht sehr aufmerksam. In diesem Moment stand das alte Mütterchen, das hinter mir gesessen hatte, auf, um wegzugehen. Ich setzte mich an ihrer Stelle auf die niedrige Bank zwischen den anderen alten Frauen. Ich beugte meinen Kopf nieder und zog das Kopftuch tief in die Stirn. Die Rolle einer alten Frau hatte mir schon öfters geholfen. Wie eine Mauer standen die Menschen vor uns.

Mit Sicherheit beobachteten die jungen Männer die an der Wand sitzenden alten Frauen überhaupt nicht, denn in den orthodoxen Kirchen sitzen nur sehr alte und kranke Leute, weil es nur weni-

ge Bänke gibt und die Leute die Plätze schon vor dem Gottesdienst besetzen.

In einem Gotteshaus fühlt man sich wie in einem Vorhof des
Himmels, und es wird einem wohl ums Herz.

Ich hatte überhaupt nicht bemerkt, daß der Gottesdienst zu Ende war. Die Menschen fingen an, die Kirche zu verlassen. Ich
half der neben mir sitzenden alten Frau beim Aufstehen. Indem
ich sie hinausbegleitete, verließ ich mit der Menschenmenge die
Kirche durch die Seitentür. Auf dem Kirchhof ging ich an der
Kirchenmauer entlang und unterhielt mich noch weiter in ge-
bückter Haltung mit der alten Frau. Ich begleitete sie bis zum
Omnibus und half ihr beim Einsteigen. Das «Anhängsel», mein
Verfolger, war nicht mehr zu sehen.

Wieder zu Hause, setzte ich mich sofort hin, um meine Erinnerungen niederzuschreiben.

Als ich meinen Bekannten später begegnete, die an jenem Tag in
der orthodoxen Kirche gewesen waren, sagten sie, so etwas hätten sie zum erstenmal erlebt: daß man die Menschen so unver-
schämt anschaute. Sie hätten furchbare Angst gehabt, daß ich erkannt werden könnte ...

Etwas später machte mir der gütige Gott das Geschenk, Vladas
Lapienis zu begegnen, der sich zu der Zeit auch vor dem KGB
versteckte. Trotz seiner 79 Jahre war er voller Energie und christ-
lichem Optimismus. Er arbeitete sehr viel, ohne sich zu schonen.
Vladas Lapienis leidet mit Freuden für Gott und die Heimat, wie
auch alle anderen Gewissensgefangenen unseres Volkes, und das
ist das deutliche Zeichen einer besonderen Auserwählung. Möge
der Allmächtige die Kräfte aller Gewissensgefangenen auf ihrem
schweren, aber ehrenvollen Leidensweg des GULAG stärken!

Petras Paulaitis –
35 Jahre im sowjetischen GULAG

Ich habe auch das Glück gehabt, dem größten Märtyrer unseres Volkes, Petras Paulaitis, zu begegnen, mit dem ich mich ausführlich unterhalten konnte. Er hat wegen seiner Liebe zu Gott und zur Heimat 35 Jahre im sowjetischen GULAG verbracht.

Man muß sich vorstellen: 35 Jahre voller unmenschlicher Leiden, Erniedrigungen und Entwürdigung! Das alles konnte aber seinen Geist nicht zermürben. Nicht umsonst heißt es in der Hl. Schrift: «Die Wahrheit wird euch freimachen!»

Petras Paulaitis ist lauter geblieben wie ein Kind, aber seine Demut und seine Liebe zu allen, sogar zu den Feinden, rührten mich zu Tränen. Nicht umsonst nannten ihn sogar die Tschekisten «Prototyp der moralischen Klarheit».

Petras Paulaitis ist ein außergewöhnliches Wunder der göttlichen Gnade! Als die 35 Jahre seines Lebens im GULAG allmählich zu Ende gingen, fragte ihn ein hochrangiger Tschekist, ob es ihm nicht um die verlorenen 35 Jahre seines Lebens leid sei.

Darauf gab Herr Petras (wie ihn die Gefangenen nannten) zur Antwort: «Mir tut nur eines leid, nämlich daß ich als Sohn Litauens, eines kleinen Volkes, nicht in der Lage war, seine Freiheit gegen die zahlenmäßig viel stärkeren sowjetischen Okkupanten zu verteidigen.»

Die Gefangenen guten Willens aller Nationalitäten und Überzeugungen im GULAG haben sich längst vor seiner moralischen Größe und seiner menschlichen Güte verneigt. Er konnte das letzte Stückchen Brot mit den im Karzer ausgemergelten Gefangenen teilen, jeden von ihnen trösten, anhören und stärken. Die Gewissensgefangenen anderer Nationen hatten einen heiligen Neid uns Litauern gegenüber, weil Herr Petras nicht ihrer Nation angehörte.

Wenn die von einem ins andere Konzlager verlegten Gefangenen sich wieder einmal begegneten, fragten sie zuerst, wie es Herrn

Petras gehe und ob er gesund sei; erst dann erkundigten sie sich nach den eigenen Volksangehörigen. Junge Gefangene, wie beispielsweise der Ukrainer Zorian Popadiuk, lernten im Konzlager aus Verehrung für Herrn Petras die litauische Sprache. Zorian hat aus der Verbannung auch mir in schöner litauischer Sprache Briefe geschrieben. Ungeachtet dessen, daß dieser junge, schöngeistige Mann während seiner Gefangenschaft an Lungentuberkulose erkrankte und ihm in der Verbannung die Hälfte seiner Lunge entfernt worden war, wurde er nach neun Leidensjahren im GULAG von der freigiebigen Hand des KGB erneut mit 15 Jahren Unfreiheit «beschenkt», nur deswegen, weil er der Wahrheit treu blieb. Zorians Mutter konnte die Trennung von ihrem einzigen Sohn nicht ertragen und starb.

Zorian Popadiuk wird jetzt im Konzlager 36 im Ural zusammen mit unserem sehr verehrten Priester Alfonsas Svarinskas (618263 Permskaja obl. Cusovskoj rajon, Kuciono, učž. VS 389-36) gefangengehalten. Dort verbüßt auch der Ukrainer Uwsienko Wasil Wasiljewitsch, der schon zum drittenmal verurteilte Gewissensgefangene, seine Strafe.

Wollen wir doch alles tun, um die für menschliches Fassungsvermögen unvorstellbaren Qualen der Gewissensgefangenen im sowjetischen GULAG zu erleichtern.

Jetzt möchte ich mich mit Gottes Hilfe bemühen, all das wiederzugeben, was mir Petras Paulaitis selbst erzählt hat, als er aus dem sowjetischen GULAG zurückkam.

In den Jahren der Besetzung Litauens durch die Nazis arbeitete P. Paulaitis als Lateinlehrer am Gymnasium zu Jurbarkas. Er verfaßte gemeinsam mit seinen Schülern eine Untergrundzeitung und antifaschistische Proklamationen. Eines Tages kamen Männer von der Gestapo in das Lehrerzimmer. Sie befahlen dem Direktor der Schule, sie in das Klassenzimmer zu führen, wo Herr Petras unterrichtete. Als eine junge Lehrerin, die ebenfalls im Lehrerzimmer anwesend war, das hörte, lief sie auf dem kürzesten Weg durch andere Klassenzimmer, um Petras Paulaitis zu warnen, daß die Gestapo nach ihm suche. Der Direktor führte absichtlich die ungeladenen Gäste zögernd und auf dem weitesten Weg. Beide wollten Herrn Petras helfen, fliehen zu können. Herr Petras überlegte jedoch: Wenn die Gestapo ihn nicht im Klassenzimmer antrifft, dann fällt der Verdacht auf die Lehrerin und auf den Direktor. Da er ihnen keine Unannehmlichkeiten bereiten wollte, blieb er im Klassenzimmer in der Hoffnung, daß bald die Pausenglocke klingeln werde und er verschwinden könne. Die Gestapoleute kamen aber leider noch vor dem Pausenzeichen in das Klassenzimmer und befahlen ihm, mit ihnen zu gehen. Herr Petras bat sie, ihm noch zu gestatten, die von den Schülern eingesammelten Hefte in das Lehrerzimmer bringen zu dürfen, in der Hoffnung, zusammen mit den Heften unbemerkt auch die in einem Stoß liegenden Proklamationen dort ablegen zu können. Sie erlaubten es ihm, aber es gelang ihm nicht, die Proklamationen abzulegen: Sie beobachteten ihn sehr scharf.

Die Männer von der Gestapo führten ihn aus dem Schulhaus und setzten ihn in ein Auto. Einige Zeit fuhren sie kreuz und quer durch die Straßen von Jurbarkas und dann zu dem Denunzianten des Herrn Paulaitis, der außerhalb der Stadt wohnte. Als sie den Bauernhof des Denunzianten erreicht hatten, stieg einer der Gestapoleute aus und ging zu ihm ins Haus. Die anderen blieben im Auto, um Herrn Petras zu bewachen.

Es regnete draußen leicht, es war naß und kalt. Der Festgenommene bat, das Auto kurz verlassen zu dürfen, mit der Absicht, die Proklamationen neben dem Auto verscharren zu können. Sie erlaubten es ihm und begleiteten ihn nicht einmal. Fliehen war unmöglich, denn die Felder waren ganz flach. So scharrte er eine aufgeweichte Lehmstelle auf, begrub alles darunter und stieg wieder in das Auto, denn sie hatten ihn schon vermißt und zu rufen begonnen. Kurz darauf kam auch der andere Gestapomann zurück. Sie schalteten den Gang ein, aber die Räder drehten sich im Lehm, und das Auto bewegte sich nicht vom Fleck. Beim Manövrieren erfaßten die Räder das «Versteck» und beförderten alle Proklamationen auf die Straße. Die Gestapoleute sahen es und nahmen alles mit. Es war allen klar, daß Herr Petras sie dort vergraben hatte. Jetzt war neben der mündlichen Anzeige auch das Beweismaterial da.

Als sich das Auto aus dem sumpfigen Lehm befreit hatte, brachten sie ihn in seine Wohnung zur Durchsuchung.

Herr Petras wohnte in einem Zimmer im ersten Stock und hatte im Erdgeschoß ein Zimmer, um Gäste empfangen und sie dort übernachten lassen zu können. In dieses Gastzimmer führte er auch die Gestapoleute, die selbstverständlich während der Durchsuchung hier kein Beweismaterial fanden. Zu der Durchsuchungszeit war auch in seinem kleinen Zimmer oben im ersten Stock kein Beweismaterial mehr vorhanden, Herr Petras wußte es aber nicht.

Kaum hatten ihn nämlich die Gestapoleute mitgenommen, da rannten seine Schüler aus der Schule, stiegen über eine Leiter durch das Fenster in sein kleines Zimmerchen hinein und nahmen alles fort, was die Gestapo interessieren konnte, und versteckten es.

Nach der Durchsuchung hieß die Gestapo Herrn Petras, sich wärmer anzuziehen; da er aber das kleine Zimmerchen nicht verraten wollte, fuhr er nur in einem Anzug fort.

Sie fuhren lange umher, bis es dunkel wurde. Nach einiger Zeit änderten sie die Richtung, und er begriff, daß sie Befehl erhalten hatten, ihn nach Kaunas zu bringen. Unterwegs hielten sie in einem kleinen Städtchen an, um dort noch einen weiteren Litauer festzunehmen.

In der Polizeikanzlei wurde Herr Petras unter der Bewachung eines bewaffneten Soldaten zurückgelassen. Alle anderen fuhren weg, nachdem sie sich ein gutes Abendessen mit Getränken für Mitternacht bestellt hatten. P. Paulaitis fror sehr. Als die Frau des Polizeivorstehers, eine Lehrerin, dies sah, brachte sie ihm heißen Tee und etwas zu essen. Sie bat ihn, sich zu stärken. Da sagte er leise zu ihr: «Sie müssen mir helfen zu fliehen!» Als er aber sah, daß die Lehrerin aus der Fassung geriet, erklärte er ihr: «Sie brauchen gar nichts zu tun. Ich möchte nur, daß Sie wissen, daß ich zu fliehen versuchen werde.»

Hier war auch die einzige Möglichkeit, es zu tun. Unterwegs nach Kaunas würden sie nicht mehr anhalten. Auf der Hofseite waren die Fenster der Kanzlei mit Fensterläden verschlossen, aber die Lehrerin ließ die Tür halb offen. Auch dem Soldaten, der Herrn Petras bewachte, brachte sie etwas Obst. Durch die halb geöffnete Tür sah man einen Korridor und zwei Türen; die eine führte zum Speisezimmer und die andere zur Küche. Die Frauen bereiteten das Abendesssen vor und deckten den Tisch.

Die Gestapoleute kehrten zornentbrannt zurück, denn der Mann, den sie festnehmen sollten, hatte sich versteckt; sicher hatte ihn jemand gewarnt. Alle setzten sich um den reich gedeckten Tisch zum Abendessen. Sie aßen und tranken, und die Stimmung wurde langsam besser. Schließlich erhoben sie ihre Gläser zum Wohle der Hausfrau, mit der Absicht, sich wieder auf den Weg zu machen. Die Lehrerin aber verkündete laut, daß alle auf ihr Wohl trinken müßten; deswegen ging sie in die Kanzlei und holte den Soldaten, der Herrn Petras bewachte, in das Speisezimmer.

Nach ihnen ging auch Herr Petras hinaus, aber nicht in das Speisezimmer, sondern durch die Küche auf den Hof ...

Bis die Gestapoleute es merkten und hinter dem Tisch hervorkrochen, hatte Petras Paulaitis, mit Gottes Hilfe, einen hohen Zaun überstiegen und robbte durch einen Garten weiter. Die Gestapoleute rannten hinaus, schalteten die Autoscheinwerfer ein und fingen an zu schießen, aber sie konnten sich offensichtlich nicht orientieren, in welche Richtung er lief. Er aber robbte durch die Gärten immer weiter weg von der Polizei und den schießenden Gestapomännern. Erst als alles ruhig wurde, stand er auf und ging die ganze Nacht über Felder weiter.

Früh am Morgen erreichte er irgendeine Ortschaft. Er klopfte ans Fenster eines abseits stehenden Häuschens und bat den Hausherrn, der herauskam, ihm zu erlauben, sich aufzuwärmen und die Kleider zu trocknen; er sei irgendwo zu Gast gewesen, habe getrunken und sich verirrt.

In dem Häuschen wohnte eine große Familie. Alle schliefen noch, und es gab im Zimmer nicht einmal Platz, um vorbeigehen zu können. Der Mann zeigte ihm einen nahen schönen Bauernhof: «Dort wohnen nur zwei Leute, und sie werden Sie bestimmt aufnehmen.» Herr Petras knurrte: «Vielleicht wohnen dort Leute, die sich den Nazis verkauft haben!» «Solche gibt es in unserem Dorf nicht!», versicherte der Hausherr.

In dem allein stehenden Hof nahmen die Leute Herrn Petras wirklich herzlich auf. Nachdem sie ihn bewirtet hatten, gaben sie ihm ein Zimmer zum Ausruhen, reinigten seine Kleider und ließen sie vor dem Ofen trocknen.

«Obwohl ich furchtbar müde war, konnte ich nicht einschlafen», erzählte mir Herr Petras. «Immer schien es mir, als liefen sie mir nach.»

Als er sich etwas erholt hatte, schickte er sich an, weiterzugehen. Er sagte zu dem Hausherrn, daß er vor der Gestapo geflohen sei. Dieser bat ihn, länger bei ihnen zu bleiben, denn im Dorf herrsche Ruhe. Herr Petras hatte es aber eilig, weil er seine Leute in Jurbarkas benachrichtigen wollte, daß er schon frei sei, damit sie nicht etwa nach ihm suchen und dadurch sich selber in Gefahr begäben. Der Hausherr begleitete ihn auf schmalen Pfaden durch die Felder, gab ihm für den Weg Lebensmittel und etwas Geld mit, erklärte ihm, wie er weitergehen müsse, ohne auf die offene Straße zu kommen, und bei wem er über Nacht bleiben könne.

Alle Leute, denen er auf dem Weg begegnete, halfen ihm tatsächlich sehr herzlich, und einer von ihnen gab ihm sogar ein Pferd, damit er schneller nach Jurbarkas käme. Sie vereinbarten miteinander, das Pferd bei einem Bekannten in der Nähe von Jurbarkas zurückzulassen. Als er aber dort angeritten kam, ließen es die guten Leute nicht zu, daß Herr Petras in die Stadt gehe, sondern benachrichtigten selber seine Angehörigen.

Die ganze Zeit der Nazibesatzung war Petras Paulaitis im Untergrund tätig. Viele Menschen, die Freiheit und Leben aufs Spiel setzten, arbeiteten mit ihm und halfen ihm. Er erinnerte sich an sie alle mit großer Liebe und Dankbarkeit.

Ich wunderte mich über das gute Erinnerungsvermögen von

Herrn Petras. Es tut mir wirklich leid, daß es mir nicht möglich ist, alles noch genauer zu berichten.

Als die sowjetischen Besatzer aus Moskau Litauen zum zweiten Mal besetzten, fuhr Herr Petras in Angelegenheit der Untergrundbewegung nach Deutschland. Als er aber erkennen mußte, daß die roten Besatzer die freiheitliebenden Litauer genauso wenig verschonten wie die braunen, kehrte er nach Litauen zurück.

«Ich konnte nicht anders. Ich habe gelernt, gegen die Unwahrheit zu kämpfen, und ich war dazu verpflichtet, durch das Beispiel meines Lebens diese Worte zu bekräftigen, wenn ich auch deswegen umkommen sollte», erzählte mir Herr Petras.

Am meisten taten ihm seine Schüler leid, denn er wußte, welche Prüfungen auf sie zukommen würden.

Nachdem die roten Besatzer die braunen vertrieben hatten, «vergaßen» sie, Litauen selber wieder zu verlassen. Ein furchtbarer Terror begann. Darüber sind schon viele Bücher geschrieben worden. Zuerst vernichteten die Bolschewiken alle, die gegen die Faschisten gekämpft hatten, denn Menschen, die die Freiheit lieben, sind für alle Besatzer die größten Feinde. Dann fielen ihnen Hunderttausende von anständig denkenden, Gott und die Heimat liebenden Menschen zum Opfer. Es wurde eine Liste aufgestellt, wieviele Familien aus welchem Bezirk zur Vernichtung nach Sibirien gebracht werden sollten, und diese Liste wuchs von Tag zu Tag. Darüber schreibt ein sowjetischer Schriftsteller in seinem Buch «Unser tägliches Brot», das aus der russischen Sprache auch ins Litauische übersetzt ist.

Petras Paulaitis arbeitet wieder im Untergrund und redigierte die in Litauen sehr populäre Zeitung «Varpas» («Die Glocke» oder vielleicht «Laisves varpas» – «Die Freiheitsglocke»; genau kann ich mich nicht erinnern). Darin stand viel Stärkendes und Tröstliches für die von den Sowjets unterdrückten Litauer. Zusammen mit Herrn Petras arbeiteten zwei seiner ehemaligen Schüler, die er sehr schätzte und liebte. Sie konnten 116 Nummern dieser Zeitung herausgeben. Vorsichtshalber wechselten sie von Zeit zu Zeit die Verstecke, und alles lief reibungslos, bis sie von einem

Verräter, dem Arzt Juozas-Albinas Markulis, der unter dem Decknamen «Erelis» («der Adler») arbeitete und sich den Sowjets verkauft hatte, verraten wurden.

Eben diesem armseligen Verräter hatte Herr Petras nicht lange Zeit zuvor selbst das Leben gerettet. Das geschah, als die Partisanen auf einem bäuerlichen Anwesen dem KGB-Informanten J. Markulis begegneten. Damals verdächtigten schon viele Partisanen den Markulis als Verräter, weil die Einflußreichen unter ihnen bald verhaftet wurden, nachdem sie mit Markulis in Verbindung gekommen waren. Es hatten sich schon so viele Beweise angesammelt, daß die Partisanen Markulis erschießen wollten, als er nach einem nächtlichen Treffen mit ihnen eingeschlafen war. Er hatte sich den sowjetischen Besatzern als Verräter verkauft, und seine Scheinheiligkeit war gerade bei dem Gespräch an jenem Abend besonders deutlich zum Ausdruck gekommen. Da die Partisanen Petras Paulaitis sehr verehrten, fragten sie ihn nach seiner Meinung. «Solange wir uns nicht hundertprozentig von seiner Schuld überzeugen können, darf man ihn nicht umbringen», sagte er. So ist Markulis am Leben geblieben, um seine Judasarbeit fortzusetzen, durch die er die eigenen Brüder und Schwestern grausamen Qualen und dem Tod auslieferte.

Möge der gütige Gott ihm gnädig sein und ihn nicht das Judaslos treffen.

Herr Petras hat ihm, wie auch den anderen Henkern, von Herzen vergeben. Er ist der Meinung, das KGB habe den armen J. Markulis moralisch erpreßt, als es ihn zu seinem Informanten machte. Zur Zeit der Nazibesatzung hatte er Herrn Petras geholfen, sich zu verstecken. Deswegen gab es in dem edlen Herzen des Herrn Petras nur ein herzliches Mitleid mit ihm und der Wunsch, daß er, mit Hilfe des gütigen Gottes, seine Vergangenheit bereuen und wieder ein Mensch werden möge.

Eines Nachts im Jahre 1947 wurde Herr Petras in einem Haus eines guten Litauers verhaftet. Allein deswegen, weil dieser Herrn Petras als Reisenden bei sich aufgenommen und ihm eine Übernachtung geboten hatte, luden die sowjetischen «Befreier» diesem guten Litauer 25 Jahre schwerste Zwangsarbeit auf. Nachdem sie Herrn Petras verhaftet hatten, führten sie ihn zuerst in die Garage des KGB und zeigten ihm dort liegende Leichen von Schülern, die mit ihm im Untergrund tätig gewesen waren. Sie waren bis zur Unkenntlichkeit zugerichtet und halb verkohlt. Sie befahlen ihm, sie zu identifizieren. «Ich wäre am liebsten auf die Knie gefallen, um sie zu küssen. Ich mußte mich aber beherrschen, um nicht zu verraten, was in meinem Herzen vorging, und mußte so tun, als ob ich sie nicht kenne», erzählte Herr Petras mit Tränen in den Augen. Es waren schon fast 40 Jahre seit diesen grausamen Ereignissen vergangen, aber die tiefe Wunde in seinem Herzen blutete immer noch. «Warum mußten diese anständigen, begabten Burschen im Frühling ihres Lebens sterben, und nicht ich?!» Wer vermag zu zählen, wieviele solch edler, unschuldiger Opfer die Erde Litauens und Sibiriens aufgenommen hat. Eines aber ist sicher: Das Blut der Märtyrer ist nicht umsonst vergossen worden. Ihr Opfer hilft auch heute noch den Litauern guten Willens, sich nicht in der Nacht der sowjetischen Lüge und des Terrors zu verirren. «Wir hören auf den Ruf der Märtyrer aus dem Jenseits, und die Schwachen ertragen die Last von Riesen.»

Wir wollen gemeinsam mit dem Dichter beten:

«Du, der du unter die Räder eines Autos gestoßen wurdest und starbst;

Du, der du in der Dunkelheit der Nacht zu Tode gemartert wurdest;

Du, der du in der Taiga verschollen bist, aber unbesiegt bleibst; bitte für uns!»

Herr Petras schaute die geschändeten Leichen dieser jungen Burschen an und schwieg … Die «Istrebitelij» («Vernichter») hatten die jungen Männer in einem unterirdischen Versteck mit Handgranaten beworfen, weil sie sich nicht ergeben hatten und nicht aus ihrem Versteck herausgekommen waren. Sie konnten noch wichtige geheime Dokumente verbrennen, damit diese nicht in die Hände der Besatzer fielen. Solchen jugendlichen Geistesgrößen gebührt unsere Verehrung und unsere Liebe.

Aber der Leidensweg des Herrn Petras begann jetzt erst richtig. Ein volles halbes Jahr wurde er fast jede Nacht mit Füßen getreten, geschlagen, sein Körper ausgepeitscht, so daß er ganz geschwollen war und seine Kleider nicht anziehen konnte. Er aber schwieg, seine vom Durst zerrissenen blutenden Lippen nannten keinen einzigen Namen. Eines Tages beschloß Herr Petras in seinem vor Qualen und Schmerzen umnebelten Bewußtsein, Selbstmord zu begehen. «Sie werden mich so oder so zu Tode quälen, und wie entsetzlich wäre es, wenn ich, meiner nicht mehr mächtig, jemand verrate – mich verplapperte. Es ist besser, gleich zu sterben.» Er fand im Fensterrahmen der Zelle einen lockeren Nagel, zog ihn heraus und war schon entschlossen, am Abend damit seine Venen aufzuritzen. «Plötzlich aber wurde es in meinem Bewußtsein hell: Ich glaube doch an Gott! Man darf sich nicht selber töten! Weinend betete ich: ‹Ich glaube an Gott, den allmächtigen Vater …›, und ich ergab mich seinem Willen. Die Ruhe kehrte in mein Herz zurück, und ich steckte den Nagel wieder in den Fensterrahmen …», erzählte mir Herr Petras, und in seinen Augen schimmerten Tränen. «Und Gott hat mich niemals verlassen. Er stärkte mich, ich bin ihm für alles dankbar!»

Als die sowjetischen Henker einsahen, daß sie Herrn Petras mit Folterungen nicht brechen konnten, verurteilten sie ihn zu 25 Jahren Gefangenschaft im GULAG und brachten ihn tief nach Sibirien hinein.

Darauf folgten 10 Jahre Qualen, wie sie für den menschlichen Verstand unvorstellbar sind. Alljährlich starben Tausende vor Hunger ausgemergelte Gefangene, und an ihrer Stelle wurden immer und immer neue dem Hungertod geweihte Opfer gebracht. Die Kälte, der Hunger und die unvorstellbar schwere Arbeit – sie mußten Eisenbahnschienen legen –, das Wüten der

Julius Sasnauskas, der zwei Jahre im Gefängnis und viereinhalb Jahre in der Verbannung war. Seit 1987 ist er Seminarist am Priesterseminar von Kaunas.

Kriminellen, die zum eigenen Vergnügen die politischen Gefangenen umbrachten, machten das Leben zu einer wahren Hölle. Dem Tod schaute man Tag für Tag ins Auge. Herr Petras aber blieb in dieser sowjetischen Hölle am Leben und wurde 1957 amnestiert.

Er kehrte nach Litauen zurück, konnte sich aber nicht mehr erholen. Als die Tschekisten sahen, daß alle diese Qualen seine Treue zur Wahrheit nicht gebrochen hatten, nahmen sie ihn nach einigen Monaten wieder fest, verurteilten ihn zu 10 Jahren und gaben ihm dazu noch die 15 amnestierten Jahre hinzu. Mit einem Wort, sie hatten ihn entlassen, nur um ihm zu den 25 Jahren noch 10 Jahre dazuzugeben.

Der gütige Gott verläßt aber keinen, der auf ihn vertraut. Mit Gottes Hilfe ist Petras Paulaitis, durch die Stürme gefestigt wie eine mächtige Eiche, in allen diesen 35 Jahren der Qualen des GULAG nicht nur selbst nicht zerbrochen, sondern er nahm sich noch der anderen Gefangenen an, die um ihn waren, und stärkte sie. In seiner unversiegbaren Liebe teilte er mit allen das letzte Stück Brot. Seine seelische Größe beeindruckte alle, besonders aber die jungen Gefangenen. Einer von ihnen, der sechs Jahre seiner Gefangenschaft zusammen mit Herrn Petras in Mordwinien verbracht hat, erzählte mir: «Ich konnte mir überhaupt nicht vorstellen, daß es solche Menschen im Leben geben könnte. Ich habe viele Filme im Kino mit phantastischen Helden gesehen, aber Herr Petras überragte sie alle.» So sprach einer, der nicht Litauer und nicht Katholik ist. Die Wangen dieses jungen Mannes, der über Herrn Petras erzählte, glühten, und in seinen Augen leuchtete Bewunderung.

Ich aber dachte: welch eine Geisteskraft und Schönheit muß ein mehr als 30 Jahre lang in der Hölle des GULAG gequälter alter Mensch von 75 Jahren haben, daß er die Jugend derart begeistern kann! So war unser von allen geliebter Herr Petras, der jetzt in der Ewigkeit ist.

Am Ende seines 35jährigen Leidensweges in Mordwinien schrieb Herr Petras: «Nur Gott allein weiß, warum dieser Leidensweg notwendig war. Dank sei ihm, daß er es zuläßt und den Menschen Kraft gibt, auf diesem Weg auszuharren.» Wir können uns nur in Ehrfurcht vor solch einem großen Charakter verneigen.

Nach 35 Jahren GULAG brachten die KGB-Leute Petras Paulaitis im Herbst 1982 in die KGB-Kellerzellen nach Vilnius. Hier verwarnten sie ihn, er solle nur nicht versuchen, seine Erinnerungen niederzuschreiben, sonst werde er verschwinden, ohne daß jemand etwas davon erfahre.

«Ich kenne eure sauberen Taten: Vor einem Jahr habt ihr den Priester Bronius Laurinavicius umgebracht; ihr habt eine ganze Reihe von Priestern und edlen Litauern zu Tode gequält, ihr könnt auch mich gleich hier umbringen.»

Die KGB-Leute begannen zu schreien, er solle schweigen, und ließen Herrn Petras nicht ausreden. Sie wechselten sofort das Thema und fingen an, ihn auszufragen, wo er sich niederlassen und wen er besuchen werde. Da sie Angst hatten, ihn in der Uniform des Konzlagers, der »Hundertnätigen« (Steppjacke) zu entlassen, zogen sie ihm einen Anzug an und brachten ihn in ein Warenhaus. Hier kleideten sie ihn, selbstverständlich von dem von Herrn Petras im GULAG verdienten Geld, von Kopf bis Fuß neu ein. Herr Petras lächelte darüber:

«Die Tschekisten rieten mir, einen ausländischen Anzug zu kaufen, er sei von besserer Qualität als die sowjetischen ...»

Danach brachten sie ihn wieder in die Keller des KGB. Erst als sie ihn kreuz und quer durch Vilnius gefahren hatten, brachten sie ihn nach einiger Zeit zum Autobusbahnhof. Die Fahrkarte in Richtung Sakiai war schon gelöst. In den Kellern des KGB hatte Herr Petras gesagt, er wolle seine im Bezirk Sakiai lebenden Verwandten besuchen. Der Tschekist, der Herrn Petras bis zum Autobusbahnhof begleitete, setzte ihn in den Autobus, stieg aber selbst nicht ein.

«Es war ungewöhnlich, so plötzlich nach 35 Jahren Sklaverei nicht mehr unter Bewachung von Soldaten und Hunden zu fahren, sondern ganz allein und wohin ich will», erzählte Herr Petras.

Keiner von den mit ihm im Autobus Reisenden wußte, daß sich unter ihnen der große Märtyrer und Held Litauens befand. Er war so bescheiden, still und einfach. Vielleicht nur die Freudentränen, die seine Wangen hinunterrollten, konnten den Zustand seiner Seele verraten.

Nach dem Besuch bei Verwandten und einigen Bekannten ließ sich Herr Petras in Kretinga nieder. Er nahm jeden Sonntag und Feiertag tief in sich gekehrt am hl. Meßopfer teil und empfing die hl. Kommunion. Immer und überall war er sehr bescheiden und einfach. Und wenn Schmerzenswogen – wenngleich anderer Art als im GULAG – ihn immer noch trafen, so konnte er doch stets die Heiterkeit seiner Seele und die innere Ruhe wahren. Dem KGB gelang es, ihm auch die letzten Tage seines Lebens zu vergällen, aber es vermochte nicht, seine menschliche Größe und Würde zu zertrampeln. Herr Petras sagte einmal zu mir, daß ihm im GULAG wesentlich leichter gewesen sei als jetzt in der sogenannten Freiheit. Von seiner Liebe und seiner Bereitschaft, selbst seinen Verleumdern zu vergeben, spricht am besten folgendes Ereignis:

Ein junger Mann, der einige Zeit zusammen mit Herrn Petras im Lager in Mordwinien gewesen war, kam nach Kretinga, um Herrn Petras zu besuchen. Herr Petras hatte ihn im Lager beschützt, gepflegt und aufgerichtet wie einen eigenen Sohn. Es war eine freudige Begegnung. Aber siehe da, nach einiger Zeit erscheint in der sowjetischen Zeitung Litauens ein langer, abscheulicher, verleumderischer, im Stil der KGB-Leute geschriebener Artikel über die Vergangenheit von Herrn Petras, und unter diesem Artikel die Unterschrift seines ehemaligen Schützlings von Mordwinien. Wie reagierte Herr Petras darauf?

«Wenn ich ihm begegnete, würde ich ihn umarmen und ihn unter Tränen anflehen: Gehe nicht auf diesem Weg der Lüge, denn er wird dich ins Verderben führen.»

Herr Petras ging es allein um die Zukunft dieses unseligen, vom KGB versklavten jungen Menschen.

Wenn er das Programm des Senders «Freies Europa» oder Radio

Vatikan hören wollte, wegen der Störgeräusche jedoch nichts verstehen konnte, sagte er mit heiterer Ruhe:

«Es bleibt uns nur noch das eine: Wir müssen uns bemühen, besser zu werden!» Herr Petras war gewohnt, alles Böse mit Gutem zu überwinden. Gequält und verleumdet, konnte er vergeben und lieben, und deswegen ist er Sieger geblieben.

Herr Petras' Leben erlosch am 19. Februar 1986 wie eine Kerze auf dem Altar. Still opferte er sich für die anderen bis zu seinem Tode.

Petras Paulaitis war am 29. Juni 1904 geboren worden. Er hatte mir anvertraut, er bitte den gütigen Gott, ihm zu gewähren, sterben zu dürfen wie eine Biene im Flug, nämlich solange er arbeiten könne, damit er niemandem zur Last falle. Bis zum letzten Augenblick, bis zum kurzen Atemzug vor dem Tode, arbeitete er und versorgte sich selbst, und nicht nur sich selbst, sondern er half auch anderen, ließ sie bei ihm übernachten und bewirtete sie. Mir selbst hat er öfter Radieschen und anderes Gemüse geschenkt, das in seinem kleinen Garten gewachsen war. Der gütige Gott hat sein Gebet erhört und ihn in die ewigen Freuden gerufen, wo es weder Tod noch Klage noch Schmerzen gibt. Seine großen, bäuerlichen Hände, die den Menschen so viel Gutes getan und auch in der Hölle des GULAG Blumen gepflanzt hatten, erstarrten auf seiner Brust zu ewiger Ruhe. Sie drückten einen Rosenkranz und ein dreifarbenes Band in den Farben des unabhängigen Litauen ans Herz. Dafür hatte Herr Petras sein ganzes Leben eingesetzt.

Es schien, als ob das heitere und ruhige Gesicht des im Herrn Entschlafenen sage:

«Ich bin sehr glücklich, denn ich habe die ganze ungeteilte Liebe meines heißen Herzens für Gott und meine Heimat hingegeben.» Ruhe im Frieden und in der Freude des Herrn, unser lieber Bruder, in Ewigkeit in Christus, und bitte für uns, damit auch wir Dir ähnlich werden!

Nur die armen KGB-Leute und ihre Agenten konnten ihre Ruhe nicht finden. Selbst nach dem Tode verfolgten sie noch den Verstorbenen und versuchten, ihm zu schaden. Sie schüchterten die

Priester ein, sie sollten ja nicht wagen, ihn mit kirchlichem Zeremoniell zu beerdigen, und drohten auch den Einwohnern von Kretinga und Umgebung, ja nicht an seiner Beerdigung teilzunehmen. Die Schüler ließen sie am Tag der Beerdigung nicht aus der Schule.

Ungeachtet der Bemühungen der Mächte der Finsternis begleitete eine Menge Menschen den mit Blumen bedeckten Sarg des Verstorbenen bis in die Kirche von Kretinga. Aus allen Gegenden Litauens kamen die Menschen zusammen, um am Grabe des Volkshelden und Märtyrers zu beten und ihm die letzte Ehre zu erweisen. Sie kamen ungeachtet der möglichen Gefahren und Verfolgungen zusammen, denn die Liebe hat die Angst besiegt.

Die Begräbnisfeierlichkeiten in der Kirche nahm der Priester L. Sarkauskas vor, und der Pfarrer von Kretinga, Bronius Burneikis, hörte nur Beichte. Allein deswegen wurde er später zu dem Bevollmächtigten Anilionis vorgeladen, um sich wegen der Beerdigung des verstorbenen Petras Paulaitis zu verantworten. Der Bischof von Telsiai, Antanas Vaicius, wurde gezwungen, schriftlich zu versichern, daß solche «Vergehen» nicht wieder vorkommen würden.

Nach dem Trauergottesdienst begleiteten Menschen, die den Verstorbenen liebten und sich nicht vor den überall herumschwirrenden KGB-Leuten fürchteten, den Sarg mit seinen sterblichen Überresten bis zum neuen Friedhof von Kretinga. Unweit der Gräber der Priester erhob sich das neue bescheidene Hügelchen seines Grabes. Die von ihm so sehr geliebte Erde Litauens nahm den Leib des verstorbenen Petras Paulaitis in ihren Schoß auf. Dem Geiste nach war Petras Paulaitis ein wahrer Priester gewesen, denn sein ganzes Leben war ein schmerzvolles Opfer für unsere hellere Zukunft. Mir kommen die Worte von Herrn Petras in Erinnerung:

«Mit Freuden würde ich noch einmal 35 Jahre in der Hölle des sowjetischen GULAG leiden, wenn dadurch wenigstens in den Herzen einiger junger Litauer die Liebe zu Gott, zur Wahrheit und zur Heimat weiterbrennen würde!»

Zwei Monate nach der Beerdigung besuchte ich das Grab des verstorbenen Petras Paulaitis. Es war ein schöner, sonniger Tag, die Vögel zwitscherten, nur blies ein sehr scharfer Wind. Auf seinem Grab grünten die Rauten, blühten bunte Blumen, und zwischen ihnen stand ein Blumenkörbchen, von dessen kleinen Henkeln ein grün-gelb-rotes Band zum Grabe hinunter hing. Die Dreifarbene des unabhängigen Litauen bedeckte auch die Überreste von Herrn Petras. Mich wunderte, daß keine böse Hand der Tschekisten sie heruntergerissen hatte.

Ich zündete kleine Kerzen an und versenkte mich im Gebet. Ungeachtet der kräftigen Windstöße brannten die Kerzen ganz nieder. Auf anderen Gräbern angezündete Kerzen gingen aus.

Es war schwer, Abschied zu nehmen und wegzugehen ...

Ich danke dir, Bruder Petras, für das leuchtende Beispiel deines Lebensopfers, das du uns hinterlassen hast, für die große Liebe deines edlen Herzens. Ich danke dir im Namen aller Menschen! Ruhe in Gott und bitte für uns!

Zum Schluß möchte ich noch einige Stellen aus Briefen von Gewissensgefangenen wiedergeben.

Gintautas Iesmantas schreibt in seinem Brief aus der Verbannung:

«... Das Schicksal von Petras Paulaitis ist zu einer Legende geworden. Zorian Popadiuk, auf den die Charaktergröße des Verstorbenen wie auch die von Pater Alfonsas Svarinskas und auch anderer früherer Gefangener einen großen Eindruck gemacht hat, erzählte mir von ihm. Man kann es nicht ändern, die Naturgesetze sind unerbittlich, und sterben müssen wir alle. Aber das Licht, das ein edles Leben hinterläßt, erlöscht niemals, sondern hilft den Lebenden in ihrem Mühen und Streben. Der Weg des Verstorbenen war unvergleichlich schwer, und man muß sich wundern, mit welcher Kraft er ihn gegangen ist. Aber wenigstens hat ihn die Heimaterde aufgenommen, und das ist vielleicht der einzige Trost.»

Der Armenier Parzuir Airokian, der lange Jahre mit dem Verstorbenen in der Gefangenschaft in Mordwinien verbrachte, schreibt aus seiner Verbannung in Irkutsk: «... Ich weiß von dem Tode des Herrn Petras. Es tröstet mich, daß es nicht hier (d.h.: nicht in Mordwinien) geschah. Herr, gib ihm die ewige Ruhe! Sein Bild wird ewig in meinem Herzen bleiben (anders ist es undenkbar).»

Der in der Verbannung lebende ukrainische Schriftsteller Mikola Rudenko schreibt aus dem Altaigebirge: «Ich habe irgendwie nicht einmal Schmerz empfunden, als ich von dem Tode von Herrn Petras, Sohn des Casimir, erfuhr. Er ist verschieden. Er hat die Ruhe nach seinen erlittenen Qualen verdient. Herr, gibt es bei Dir Martyrer, die noch größer sind als er? Er hat verdient, daß man ihn als Heiligen verehrt.»

Ich will diese Erinnerungen mit dem Gebet für die Heimat abschließen. Herr Petras und die litauischen Partisanen haben es jeden Tag gebetet. Aus dem GULAG zurückgekommen, hat Herr Petras es mir diktiert:

«Gott, der Du die Völker geschaffen und ihnen das Verlangen nach Freiheit eingesenkt hast, gib, wir bitten Dich, auch unserem Volke die Tage der Freiheit zurück. Mögen diese Prüfungen unseres Landes, die Du zugelassen hast, nicht zu seinem Verderben sein, sondern einer baldigen Auferstehung und dem größeren Wohl unserer Seelen dienen.

Segne uns, o Herr, die wir gezwungen wurden, das Elternhaus zu verlassen, in dem wir geboren wurden. Gib uns die Kraft, das schwere Los als Partisanen, Gefangene, Verbannte oder Flüchtlinge geduldig zu tragen, damit wir unserer Heimat treu bleiben und schon ein neues Feuer ihrer Wiedergeburt sind. Segne unsere zu Hause gebliebenen Eltern, Brüder und Schwestern. Segne unsere junge Generation, damit auch sie Deinen Willen treu erfüllt. Segne unsere Mutter Kirche und ihre führenden Persönlichkeiten. Tröste die um ihres Volkes willen Benachteiligten. Schenke jenen, o Herr, die ewige Ruhe, die auf dem Feld des Kampfes gefallen sind. Rette, o Herr, unser teures Litauen, das Dich so herzlich liebt und verehrt. Das bitten wir durch Christus, unseren Herrn. Amen.»

Aus meiner Kindheit und Jugendzeit

Ich möchte nun denen, die mich um meine Biographie gebeten haben, zunächst erzählen, was für edle Eltern mir der gütige Gott geschenkt hat.

Hier bringe ich eine Eintragung aus ihrer Heiratsurkunde: «Sadunas Jonas, Sohn des Juozas, geboren 1899, und Rimkute Veronika, Tochter des Juozas, geboren 1915, haben am 10. Mai 1934 geheiratet. Ort der Anmeldung: die röm.-kath. Kirche zu Svedasai.»

Sie wurden von Kanonikus Petras Rauda, dem ehemaligen Religionslehrer meiner Mutter, getraut.

Mein Vater, Jonas Sadunas, wurde am 8. September 1899 als jüngster Sohn in einer kinderreichen Familie geboren. Vier Geschwister wuchsen mit ihm auf: drei Brüder — Juozas, Silvestras, Kazimieras — und ihre Schwester Ursule. Er wurde in dem Dorf Pusne, Amtsbezirk Giedraiciai, Kreis Ukmerge, geboren und wuchs auch dort auf. Er war begabt, anständig und sehr fleißig. Lange Zeit hütete er das Vieh und bereitete sich als Autodidakt auf die Gymnasiums-Abschlußprüfung vor, die er bestand. 1924 trat er in die Abteilung für Agronomie in der Landwirtschaftsakademie ein und absolvierte nach den bestandenen Prüfungen und Empfang des Diploms ein einjähriges Praktikum. Er verteidigte seine Diplomarbeit und bekam im Gedenkjahr Vytautas des Großen, also am 5. September 1930, sein Diplom als Diplomlandwirt. Er erhielt auch gleich eine Anstellung als Dozent an der Landwirtschaftsakademie in Dotnuva.

Mein Vater war immer religiös, aber erst nachdem er Lourdes besucht hatte, wurde er so fest im Glauben, daß er sein Leben mit Freuden für Gott hingegeben hätte. Das war ein Geschenk der heiligsten Mutter Gottes an meinen Vater.

Mit den Professoren Ruokis und Ruseckas reiste mein Vater während den Ferien sehr viel. Er hat ganz Westeuropa und auch Afrika bereist. Er liebte besonders die armen Menschen, denn er

selbst hatte ja auch während seiner Jugend die Armut kennenge-
lernt.

Meine Mutter, Veronika Rimkute Saduniene, wurde Anfang
September 1915 in einer kinderreichen Familie geboren. Acht
Kinder wuchsen in der Familie auf, unter ihnen auch der verwaiste Cousin, der später Doktor der Medizin wurde. Einer ihrer
Brüder, Aloyzas, starb als kleines Kind an Diphterie. Er war
sehr intelligent und lieb. Alle sagten, daß solche Kinder nicht
lange leben. Der gütige Gott nahm ihn als kleinen Engel zu sich.

Meine Mutter wurde in dem Dorf Juozapava, Amtsbezirk Svedasai, Kreis Rokiskis, geboren und wuchs dort auf. Wie mein
Vater, war auch sie begabt, sittsam, fleißig und tief religiös. Sie
beendete das Gymnasium in Birzai und arbeitete nach ihrer Hei-
rat in der Landwirtschaftsakademie in Dotnuva. Abends ging sie
gern mit meinem Vater auf den Wegen der Parkanlage spazieren.
Die Studenten versteckten sich hinter dem Gebüsch und versuchten, die Gespräche des jungen Ehepaares zu belauschen. Sie
waren sehr erstaunt zu hören, daß die beiden beim Spaziergang
den Rosenkranz beteten.

Am Freitag, dem 22. März 1935, wurde ein Sohn geboren, der
am 12. Mai in der röm.-katholischen Kirche zu Dotnuva auf die
Namen Jonas-Aloyzas getauft wurde. Als meine Mutter später
mich erwartete, erkrankte sie an Rippenfellentzündung. Um das
Leben meiner Mutter zu «retten», rieten die Ärzte zu einer Ab-
treibung, doch meine Mutter wies die Zumutung zurück. Gott
allein ist der Herr über unser aller Leben, und sein Wille soll geschehen.

Am 22. Juli 1938, einem Freitag, kam ich in aller Frühe laut
schreiend auf die Welt. Ich wurde in Kaunas im ehemaligen
Krankenhaus in der Donelaicio gatve geboren. Meine Mutter
brachte sowohl mich als auch meinen Bruder ohne Schmerzen
zur Welt; deswegen — so erzählte sie — habe sie mich, sobald sie
mich sah, liebevoll «die Glückliche» genannt. Jetzt gaben die
Ärzte einstimmig zu, daß gerade die Entbindung das Leben meiner Mutter gerettet habe. Nach der Entbindung kam meine

Mutter zur Erholung in ein Sanatorium, und mich nahm mein Vater mit nach Hause. Er und seine Schwester Ursule, die mich sehr verwöhnte, zogen mich auf. Am 2. Oktober wurde ich von dem Priester und späteren Märtyrer Kanonikus Kemesis in der röm.-katholischen Kirche zu Dotnuva auf den Namen Felicita-Nijole getauft. Kanonikus Kemesis, der mich und meinen Bruder getauft hat, wurde später verhaftet und starb nach vielen Qualen in einem sowjetischen Gefängnis.

Als meine Mutter aus dem Sanatorium nach Hause kam, war ich schon 9 Monate alt und konnte schon laufen. Einige Zeit später erkältete sich meine Mutter sehr stark auf dem Weg zur Kirche und erkrankte an Knochen-Tbc. Die Diagnose wurde zu spät gestellt, nämlich erst, als sich schon ein Knochen der Wirbelsäule zu deformieren begann. Erst dann kam sie ins Krankenhaus, wo sie etwa 9 Monate unbeweglich liegen mußte. Der Wirbelknochen kam zwar wieder in die richtige Lage, wurde aber nicht mehr elastisch.

Dann kam der Krieg. Die Patienten mußten aus dem Krankenhaus abgeholt werden. 1941 wurde meinem Vater heimlich mitgeteilt, daß er und seine Familie auf der Liste der sowjetischen Besatzer stehe, es also vorgesehen war, uns nach Sibirien zu verschleppen. So bettete er meine noch nicht gehfähige Mutter in einen Wagen, setzte mich und meinen Bruder neben sie und fuhr von zu Hause weg, ohne zu wissen wohin, einfach geradeaus. So hat der gütige Gott unsere Familie vor dem Tode bewahrt.

Die Sowjets trennten damals die nach Sibirien deportierten Männer von ihren Frauen und Kindern, und fast alle starben vor Hunger in der weiten Taiga Sibiriens.

Ich bin also von den Sowjets zum ersten Mal zum Tode verurteilt worden, als ich noch nicht einmal drei Jahre alt war. Und weshalb? Allein deswegen, weil ich anständige Eltern hatte, die Gott und die Menschen liebten. Für die Sowjets ist jeder anständige Mensch ein Erzfeind.

Mein Vater hatte es schwer mit einer kranken Frau und zwei kleinen Kindern, ohne Obdach und ohne Verdienst.

Damals reichte der Märtyrer-Bischof Vincentas Borisevicius meinem Vater hilfreich die Hand: Er stellte ihn als Dozent am Priesterseminar in Telsiai an und gab so unserer Familie Wohnung und Brot.

Ich hatte ein sehr lebhaftes Temperament, wie meine Mutter immer erzählte, und war wie Quecksilber. Ich konnte mich kaum ruhig verhalten. Da sich meine Mutter viele Sorgen um mich machte, weihte sie mich in der Kathedrale von Telsiai der heiligsten Mutter Gottes, deren besonderen Schutz ich bis zum heutigen Tag spüre, und der ich aus tiefstem Herzen für alles dankbar bin.

Am 10. Juni 1945 kam Jesus zum ersten Mal im allerheiligsten Altarsakrament in mein unwürdiges Herz. Am gleichen Tag spendete mir auch der Märtyrer-Bischof Vincentas Borisevicius das Sakrament der Firmung, und die Schwester des Bischofs, Maryte, wurde meine Firmpatin. Aus diesen Tagen meiner Kindheit blieb mir das Bild von Bischof Borisevicius in Erinnerung, leuchtend wie das Bild eines Heiligen. Er unterschied sich durch seine strahlende Güte und Einfachheit von allen anderen.

Der Märtyrer Bischof Vincentas Borisevicius

Seine Schwester hat mir erzählt, daß Bischof Borisevicius von seiner frühen Jugend an Gott um die Gnade des größten Liebesmartyriums gebeten habe. Sein Gebet wurde erhört. Er wurde 1946 verhaftet und monatelang in den Kellern des KGB in Vilnius auf das grausamste gefoltert. Wenn seine Schwester Nahrungsmittel und Kleider brachte, damit man sie ihm überreiche, gab man ihr zerrissene, blutdurchtränkte Unterwäsche des Bischofs. Einige Male war die Wäsche braun durchtränkt und

Prof. Vincentas Borisevicius, 1944–1946 Bischof von Telsiai, am 5.2.1946 von den Bolschewiken verhaftet, gemartert und Ende 1946 oder Anfang 1947 am Fuße des Gediminasberges in Vilnius erschossen.

stank beim Waschen und Kochen verheerend. Das KGB hat nicht selten Bischof V. Borisevicius in eine Jauchegrube gehalten, und erst wenn er das Bewußtsein verlor, zogen sie ihn wieder heraus ...

Ich habe diese Wäschestücke selbst mit eigenen Augen gesehen. Neue Unterwäsche aus Leinen war durchtränkt von großen Blutflecken und in Fetzen zerrissen. Bischof V. Borisevicius wurde deswegen so grausam gefoltert, weil man ihn zwingen wollte, sich der Lüge zu beugen. Das gelang ihnen aber nicht; er blieb Gott und der Wahrheit treu. Deswegen wurde er am 26. August 1946 vor dem Obersten Gericht in Vilnius von den KGB-Männern zusammengeschlagen und zum Tode verurteilt. Als man ihn abführte, berührte ihn seine Schwester Maryte, aber er hatte keine Muskeln mehr, er war nur noch Haut und Knochen. In seinem gepeinigten und ausgemergelten Gesicht aber leuchtete Friede und Ruhe. Er lächelte seiner Schwester zu und sprach vor Gericht nur einen Satz: «Ich bin vor Gott und den Menschen unschuldig.»

Ein Student, der mit Bischof Vincentas Borisevicius zusammen in der Todeszelle war und wie durch ein Wunder am Leben blieb, erzählte mir, daß er alle seelisch gestärkt, ihnen die Glaubenswahrheiten erklärt, Gespräche mit ihnen geführt, aber meistens in sich versunken kniend gebetet habe. Erhielt er ein Lebensmittelpaket, verteilte er unverzüglich alles, ohne etwas für sich zu behalten.

Wenn man ihn zu einem Verhör holte — anscheinend hoffte man noch immer, seine Treue zur Wahrheit brechen zu können —, dann schritt er hinaus wie in den Tod und erteilte allen seinen Segen. Oft wurde er bewußtlos in die Zelle zurückgebracht. Sie steckten seinen Kopf in eiserne Bänder und schraubten sie so lange zu, bis er das Bewußtsein verlor. Aber seinen mächtigen Geist der Lüge zu unterwerfen, das gelang ihnen nicht.

Eines Tages erteilte er seinen letzten Segen, denn er wurde nicht mehr in die Zelle zurückgebracht, nachdem man ihn abgeholt hatte. Bischof Vincentas Borisevicius und der Priester Pranciskus Gustaitis wurden am Fuße des Gedeminasberges in Vilnius im Garnisonshof des Militärs hinter dem Flüßchen Vilnele erschossen.

In aller Frühe brachten sie beide in einem verdeckten Auto herbei, hoben sie heraus, weil sie nicht mehr auf den Beinen stehen konnten, lehnten sie beide mit den Rücken wie Getreidegarben aneinander und ermordeten sie mit Pistolenschüssen in die Schläfen. Nachdem beide umgesunken waren, gaben sie ihnen Fußtritte, so daß sie mit dem Gesicht zum Boden lagen. Die Hände waren ihnen auf dem Rücken mit Stricken zusammengebunden. Mit einem Messer schnitten sie diese durch und lösten so die Hände. Mit einigen weiteren Fußtritten wurden die Leichen der Märtyrer in Gruben hineingestoßen, die dort ausgehoben worden waren. Soldaten schaufelten die Grube sofort zu und ebneten das Grab ein, so daß auf dem Boden des Hofes kein Zeichen mehr auf die Stelle hindeutete.

Ein Mitarbeiter des KGB, der absichtlich dort arbeitete, um den Gefangenen nach Möglichkeit helfen zu können, hatte eine seiner ehemaligen Gymnasialschülerinnen, die, wie alle Litauer guten Willens, Bischof Vincentas Borisevicius verehrte, über das Datum und den Ort seiner Erschießung benachrichtigt. Diese war an diesem frühen Morgen auf den Gediminasberg gestiegen und hatte sich in einem Gebüsch versteckt. Sie hat das alles gesehen und erzählte mir später: «Es war so entsetzlich, daß ich vor Erschütterung lange Zeit nicht mehr schlafen konnte. Noch immer steht alles vor meinen Augen ... So etwas möchte ich nie wieder sehen!»

Mit den Worten unseres Märtyrers Bischof Mecislovas Reinys gesprochen: «Gelobt sollen jene sein, die sich vor der Unwahrheit nicht beugen. Sie bleiben ewig leben! Sie stärken unsere Reihen!»

— Alle heiligen Märtyrer Litauens, bittet für uns! —

Meine Eltern — vom KGB verfolgt

Wir wohnten bis Ende 1945 in Telsiai, aber als das KGB begann, nach meinem Vater zu fahnden, zogen wir heimlich nach Anyksciai. Hier arbeitete ein guter Bekannter meines Vaters, Antanas Slamas, als Direktor. Er stellte meinen Vater als wissenschaftlichen Mitarbeiter an. Wir ließen uns in Anyksciai bei meiner Tante nieder und bekamen später eine Wohnung in der Vorstadt Jonydzinos. Ringsherum war dort ein Kiefernwald und ganz in der Nähe der Fluß Sventoji. Von dort aus fuhr mein Vater mit dem Fahrrad und im Winter mit dem Pferdeschlitten zur Arbeit. Seine Arbeitsstelle war 5 km entfernt. Wir haben viel Not durchgemacht und viel Hunger leiden müssen. Mein Vater verdiente im Monat nur so viel, daß man dafür gerade 3 kg Butter kaufen konnte. Brot gab es nicht. Einige Zeit später bekam mein Vater von guten Leuten eine Kuh, die wir halten konnten.

Im Garten bauten wir Kartoffeln und Gemüse an. Langsam erholten wir uns. Aber immer, wenn wir frühmorgens Motorengeräusche von Autos hörten, rannten wir alle in ein Getreidefeld, um uns zu verstecken, damit wir nur ja nicht nach Sibirien gebracht würden. So lebten damals die meisten Litauer — wie auf dem Krater eines Vulkans.

In der Nachbarschaft, gleich auf der anderen Seite des Zauns, hatten Stribas[7] eine Unterkunft. Es fehlen mir die Worte, ihre Grausamkeiten zu beschreiben. Hier folterten sie die Partisanen, und ihre grauenhaft zugerichteten Leiber warfen sie in den Hof hinaus neben den Brunnen, aus dem wir unser Wasser holten. Später lagen die Toten wochenlang auf dem Stadtplatz von Anyksciai; es war nicht erlaubt, sie zu beerdigen. Die Menschen wurden erbarmungslos umgebracht. Um als Partisan verdächtigt und erschossen zu werden, genügte es oft schon, wenn ein Bauer seinen Nachbarn besuchte ... Den Leuten graute vor ihnen und ihren Taten derart, daß das Wort «Stribas» zu einem Fluchwort wurde.

Alle Litauer guten Willens liebten die Partisanen, hatten Mitgefühl mit ihnen und halfen ihnen nach Kräften.

Auch in die Versuchsstation von Elmininkai kamen die Partisanen. Sie waren immer anständig, freundlich und fröhlich. Wenn sie gingen, hinterließen sie beim Direktor eine Quittung über das, was sie an staatlichem Getreide usw. mitgenommen hatten, damit dieser einen Beleg für die Stribas hatte. Darüber gerieten die Stribas in Wut und bewachten wochenlang die Versuchsstation von Elmininkai. Sobald sie aber die Geduld verloren und sich entfernten, kamen die Partisanen wieder und hinterließen ihre Liste, auf der aufgeführt war, was sie aus den staatlichen Getreidespeichern mitgenommen hatten ... Damals gab es in der Versuchsstation keine Mitläufer der Sowjets, keine Parteiangehörigen. Deswegen nannten die sowjetischen Beamten die Versuchsstation von Elmininkai «Banditen»-Station.

Direktor Antanas Slamas mußte viel Mühe und Diplomatie aufbringen, um die rasend gewordenen Stribas und die anderen sowjetischen Beamten zu beruhigen, die ihn auf mancherlei Weise schikanierten. Meistens konnte er sie nur dadurch beruhigen, daß er sie bewirtete und betrunken machte. Direktor Slamas hat vielen Menschen das Leben gerettet! Möge ihn Gott mit ewigen Freuden belohnen!

In der Schule wollten sie mich und meinen Bruder zwingen, den Pionieren und später der Kommjugend beizutreten. Mich haben sie oft bis Mitternacht im Klassenzimmer festgehalten, und meinen Bruder und andere Schüler wollte der Parteifunktionär Ubagevicius mit der Pistole zwingen, Beitrittserklärungen für die Kommjugend zu schreiben. Weil wir uns aber dem Zwang nicht beugten, verwiesen sie uns aus der Schule. Als meine Mutter in der Schule vorgeladen wurde, sagte sie:

«Wenn nur Pioniere und Kommjugendliche in der Schule lernen dürfen, werden meine Kinder die Schule eben nicht besuchen. Lieber sollen sie ohne Schulabschluß bleiben, dafür aber anständige Menschen werden und keine Heuchler und Schmeichler!»

Nach zwei Wochen forderten uns die Lehrer selber auf, wieder in die Schule zu kommen. Die Festigkeit unserer Mutter hatte uns geholfen.

Wieviele Mütter gab es aber damals, die nicht in der Lage waren, ihre Kinder zu verteidigen!

Ich liebte in der Schule besonders den Sport: Ich spielte in der Schulmannschaft Korbball, Netzball, Tischtennis usw. und nahm an den Wettbewerben in Leichtathletik teil. Das alles härtete mich körperlich ab. Da wir am Ufer des Sventiji wohnten, badeten wir auch bis spät in den Herbst hinein.

Jeden Sonn- und Feiertag nahm die ganze Familie am hl. Meßopfer teil und hörte die Predigt. Bis heute ist mir eine Predigt des verstorbenen Pfarrers Vincentas Arlauskas in Erinnerung geblieben. Er verglich die kämpferischen Atheisten nach einer Erzählung von Krylow mit den Schweinen unter der Eiche. Das schwarzscheckige Schwein fraß sich zwar satt von den Eicheln, die heruntergefallen waren, fing aber an, die Eiche selber zu unterwühlen. Wozu war sie auch nötig! Das schwarzscheckige Schwein verstand nicht, seinen Rüssel nach oben zu richten, um zu sehen, woher die Eicheln kamen ... So machen es auch die Atheisten: Sie benützen zwar alle von Gott geschenkten Gaben – die Vernunft, die Gesundheit, die Güter der Natur –; den Geber dieser Gaben aber wollen sie aus ihrem Leben streichen. Aber wie es dem Schwein nicht gelungen ist, die mächtige Eiche auszuwühlen, wie es vielmehr nur an ihren Wurzeln seinen Rüssel blutig rieb, so wird es auch den armen Atheisten ergehen. – Möge der Herr den Priester Vincentas für seine edle Arbeit im Kampf gegen die atheistische Pest mit der ewigen Freude belohnen!

Die Predigten, die ich sehr aufmerksam verfolgte, und die Gespräche mit meinen Eltern halfen mir, mich nicht in der Nacht der gottlosen Erziehung zu verirren.

Sehr gerne habe ich bei der Frühmesse die Psalmen und die der Gottesmutter geweihten Horen und Antiphonen gesungen. Ich habe niemals an einem Feiertag die hl. Messe versäumt, auch dann nicht, wenn unsere Wettbewerbe in anderen Städten ausgetragen wurden. Daß ich das durchgehalten habe, verdanke ich meinen frommen Eltern. Wir knieten uns jeden Abend zum gemeinsamen Gebet nieder, wobei meistens mein Vater vorbetete. Im Monat Mai richteten wir im Zimmer einen kleinen Altar her: Wir schmückten das Bild der heiligsten Mutter Gottes mit Blumen, und auch die Nachbarn mit ihren Kindern kamen zu uns zum Gebet.

Kanonikus Petras Rauda weihte unsere Familie feierlich dem heiligsten Herzen Jesu und segnete auch die Josefsehe meiner Eltern. Als meine Mutter an der Tuberkulose erkrankt war, konnte sie keine Kinder mehr gebären. Deswegen vereinbarten meine Eltern, fortan wie Bruder und Schwester miteinander zu leben, und sie hielten sich an diesen erhabenen Entschluß, solange sie lebten.

Mein Vater verehrte unsere Mutter sehr und liebte seine Familie. Seine Geduld, sein Fleiß, seine Opferbereitschaft und seine Heiterkeit waren für uns die allerbeste Predigt ohne Worte.

Seit Kriegsbeginn, als ihm die Mutter Gottes das Leben rettete, betete er jeden Tag alle drei Teile des Rosenkranzes. Damals spielte sich folgendes ab: Wir gerieten während des Krieges in die Frontlinien. Eines Tages nahmen sowjetische Soldaten das Fahrrad meines Vaters mit. Er holte sie ein und versuchte ihnen klarzumachen, daß er das Fahrrad notwendig brauche; sie möchten es ihm doch zurückgeben. Die Soldaten aber schimpften ihn einen Banditen[8] und wollten ihn gleich hinter einem Gebüsch erschießen.

Da wandte sich mein Vater in Gedanken an die heiligste Mutter Gottes, bat sie um Hilfe und versprach, ihr zu Ehren jeden Tag als Dank alle drei Teile des Rosenkranzes zu beten. Mein Vater sorgte sich damals nicht um sich, sondern um uns. Da kam von irgendwoher ein Offizier hinzu und fragte die Soldaten, was es mit meinem Vater auf sich hätte. Dann verlangte er dessen Personalausweis und kam zu der Überzeugung, daß mein Vater unschuldig sei; darum ließ er ihn frei.

Mein Vater hat sein Versprechen bis zu seinem Tod eingehalten und aus Dankbarkeit der heiligsten Mutter Gottes gegenüber jeden Tag den Rosenkranz gebetet. Er war ein geistlicher Mensch, fast wie ein Priester. Selbst die Kommunisten in Anyksciai sagten, sie wüßten ja, daß Jonas Sadunas ein Priester sei; nur wüßten sie nicht recht, was es mit der Frau und den Kindern auf sich habe.

Auch meine Mutter war sehr edel und heiligmäßig. Sie liebte Gott aus ganzem Herzen und opferte ihre Schmerzen für mich auf, damit ich mich mit meinem lebhaften Temperament nicht auf den verschlungenen Wegen des Lebens verirre.

Ich danke Gott von ganzem Herzen für die frommen Eltern, die er mir geschenkt hat. Die Eltern ziehen durch ihr Gebet und ihr Opfer Gottes Gnade auf ihre Kinder herab. Mir ist jetzt klar, daß sich wohl kaum ein Mensch, der solche Eltern gehabt hätte wie ich, in der sowjetischen Lüge verirrt hätte.

Aber wer viel empfangen hat, von dem wird auch viel verlangt. Möge mir der gnädige Gott barmherzig sein.

Mein Bruder schloß 1953 die höhere Schule ab und trat dann in die agronomische Fakultät an der litauischen Landwirtschaftsakademie ein. 1958 schloß er das Studium an der Akademie mit der Qualifikation eines wissenschaftlichen Agronoms ab.

Ich schloß 1955 die Jonas-Bieliunas-Mittelschule in Anyksciai ab. Jetzt stand ich vor der Frage: Wo finde ich das Glück – nicht nur für mich, sondern auch für andere Menschen?

Als ich mein Abgangszeugnis bekam, sagte mein Vater zu mir: «Denke daran, Nijole, jeder Mensch braucht zum Leben seine Gesundheit, seinen guten Namen, sein Auskommen; aber noch mehr als das alles braucht er den Glauben an Gott. Ich würde mit Freuden auf all diese Güter verzichten, würde im Gefängnis oder in Sibirien sterben, aber meinen Glauben an Gott würde ich vor keinem Menschen verleugnen, denn das ist das allergrößte Geschenk Gottes an den Menschen.»

Diese Worte klingen mir noch heute in den Ohren, vor allem, weil sie durch das edle Leben meines Vaters bekräftigt worden sind.

Meine Eltern nahmen zu den Zeiten des Stalin-Terrors jeden Sonn- und Feiertag am hl. Meßopfer teil und empfingen die hl. Kommunion. Und wie sie beten konnten … sie waren ganz versunken in Gott! Die sowjetischen Vorgesetzten drohten meinem Vater oft, ihn wegen seiner demonstrativen Kirchenbesuche aus dem Dienst zu entlassen. «Dann verdiene ich mein Brot als einfacher Arbeiter», erwiderte mein Vater gelassen. Er vertraute auf Gott, und Gott beschützte unsere Familie.

Auch alle Menschen guten Willens liebten meinen Vater. Sowohl seine Mitarbeiter als auch manche Kommunisten waren von seiner Festigkeit angetan. Zweimal hintereinander wurde er zum Volksdeputierten des Bezirkes Anyksciai gewählt. Die Kommunisten sagten, die Leute auf dem Land hörten nicht auf sie und schenkten ihnen keinen Glauben, doch auf meinen Vater hörten sie. Der Vater bemühte sich, das Los der Landbewohner zu erleichtern. Er erwirkte ihnen die Erlaubnis, größere Grundstücke zu erwerben und mehr Vieh zu halten. Mit gelassenem Humor konnte er alle Angriffe ertragen und damit auch seine Gegner entwaffnen.

Gott allein das ganze Herz

Ich hätte nach Abschluß der Mittelschule das Institut für Leibeserziehung besuchen können, um Sportlehrerin oder Trainerin zu werden. Aber das hätte bedeutet, meine Religion nicht mehr ausüben zu können und vor den Menschen zu heucheln, denn bei den Sowjets dürfen nur Atheisten Lehrer sein.

Nein – das war nicht mein Weg! Gott ist die einzige Quelle des Glücks für alle Menschen, und ohne ihn gibt es keine wahre Freude im Leben. Die darauf folgenden Jahre meines Lebens haben diese Wahrheit hundertprozentig bestätigt.

Daß ich dies schon in meiner frühen Jugend begriffen habe, verdanke ich dem verbannten Bischof Julijonas Steponavicius, anderen guten Priestern und meiner Freundin Brone Kibickaite.

Wir wohnten beide im selben Haus und besuchten dieselbe Schule.

Am 26. Juli 1956 spendete S. Exzellenz Bischof Julijonas Steponavicius am Fest der hl. Anna in Anyksciai das Sakrament der Firmung. Brone hatte sich auf die Firmung vorbereitet und bat mich, ihre Firmpatin zu sein. Ich sagte zu.

Vor der Firmung erklärte Bischof Steponavicius anschaulich, wie die Firmlinge sich bewußt auf den Empfang des Hl. Geistes ausrichten sollten. Da spürte ich, wie sehr mir die Gaben des Hl. Geistes fehlten, und ich bat Bronyte, mir die Hälfte ihrer Gaben des Hl. Geistes zu überlassen. Sie war damit einverstanden.

Gleich nach dem Sakrament der Firmung fühlten wir beide in uns eine innere Erneuerung. Wir hatten einen ganz klaren Begriff von unserem Lebensziel und waren von großer Freude erfüllt. Wir gingen beide in dem Wäldchen von Anyksciai spazieren und priesen bis zum Abend die wunderbare Wirkung des Hl. Geistes. Das war der wonnevollste Tag meines Lebens! Wir hatten beide das Licht unseres Glückes gefunden: *Gott allein* das ganze Herz!

Nur Gott allein ist das Ziel aller Menschen und die göttliche Quelle des Glückes! Nicht einmal meine Mutter konnte meine plötzliche Verwandlung verstehen und dachte, ich hätte mir wieder einen neuen Scherz ausgedacht. Der Weg, den ich eingeschlagen hatte, war meiner Mutter sehr kostbar. Sie fürchtete nur, es könne lediglich eine oberflächliche Schrulle von mir sein. Meine Eltern begleiteten mich mit ihrem Gebet und gaben ihren Segen dazu. Sie sollten später um meinetwillen noch viele Unannehmlichkeiten haben.

In der sowjetischen Zeitung «Komjaunimo tiesa» («Die Wahrheit der Kommjugend») klagte der Verfasser des Leitartikels

Der Bischof von Vilnius, Julijonas Steponavicius, darf sein Bischofsamt nicht ausüben, sondern arbeitet in der Verbannung in Zagare als Kaplan. Zur Zeit der Drucklegung dieses Buches erhielten wir die Nachricht, daß er in seine Bischofsstadt zurückkehren dürfe.

darüber, daß meine Eltern mich, eine begabte, von Leben sprühende, fröhliche Sportlerin, angeblich in ein Kloster eingesperrt hätten. Der erste Sekretär des Bezirkskomitees von Anyksciai der Kommunistischen Partei Litauens, Lukosevicius, schimpfte meinen Vater deswegen öfter zusammen und lud auch mich vor. Ich konnte mich nicht zurückhalten und hielt ihm vor, er sei jünger als mein Vater und habe nicht das Recht, ihn anzuschreien und zu beschimpfen. Und außerdem: «Es ist eine Schande, so einen Unsinn zu reden und zu schreiben, daß sich im 20. Jahrhundert noch irgendwo ein energisches 18jähriges Mädchen von seinen Eltern einsperren lasse ... Sie wissen doch ganz genau, daß ich auch noch durch das kleinste Fensterchen hinausschlüpfen würde, wenn man mich einsperren wollte ... Hören Sie bitte auf, meinen Vater zu drangsalieren.»

Dann lebte ich noch einige Zeit bei meinen Eltern, und die kampflustigen Atheisten beruhigten sich. Die Armen wußten nicht, daß es nicht in ihrer Macht liegt, einem Menschen die von Gott geschenkte Gnade zu nehmen ... ja daß es in der ganzen Welt keine solche Macht gibt!

Ich half meinem Vater bei der Arbeit. Er hatte damals eine Bruchoperation und konnte nicht schwer heben. Meine Mutter war Invalidin – ihre Wirbelsäule war deformiert. Sie hat viel gelitten, war aber immer sehr geduldig und heiter.

Als mein Vater 60 Jahre alt wurde, gratulierten ihm seine Mitarbeiter und der Direktor. Hier ein Auszug aus dem Schreiben des Direktors der Versuchsstation von Elmininkai Nr. 141 vom 11. September 1959: «Dem leitenden wissenschaftlichen Mitarbeiter, dem Genossen Jonas Sadunas, Sohn des Juozas, bringe ich anläßlich seines 60. Geburtstages meine Dankbarkeit zum Ausdruck für seine langjährige hervorragende Arbeit an der Versuchsstation Elmininkai wie auch für seine erfolgreiche Arbeit auf dem besonderen Gebiet der Ackerdüngung unter Verwendung von Sumpferde, und wünsche ihm Gesundheit und noch eine lange, erfolgreiche Tätigkeit.» Unterzeichnet von Direktor Puodziukas.

Es war noch nicht einmal ein Monat vergangen, als – sicher auf Druck des KGB – ein neues Schreiben aus der sowjetischen «Abteilung für das Innere» kam. Ich zitiere aus dem Schreiben Nr. 170 des wissenschaftlichen litauischen Versuchsinstituts für Landwirtschaft vom 8. Oktober 1959: «Der leitende wissenschaftliche Mitarbeiter der Versuchsstation von Elmininkai, Sadunas Jonas, Sohn des Juozas, wird mit Wirkung vom 15. Oktober d.J. aus der Arbeit in die wohlverdiente Pension entlassen.» Es unterzeichnete der Direktor des litauischen wissenschaftlichen Versuchsinstituts für Landwirtschaft, Petras Vasinauskas. Das war ein harter Schlag für meinen Vater. Er liebte seine Arbeit und die Menschen, mit denen er lange Jahre zusammengearbeitet hatte. Er klagte und jammerte aber nicht. Er konnte still und geduldig die Schläge des Lebens ertragen, doch seine empfindsame Seele litt sehr darunter.

Zu der Zeit, da mein Vater in Pension geschickt wurde, wohnte und arbeitete ich in Vilnius. Ich fand kein Zimmer, das ich für meine Eltern hätte mieten können. Aber ich bekam in Riese, 7 km von Vilnius entfernt, eine Wohnung. Um dort angemeldet werden zu können, nahm ich eine Arbeit im Krankenhaus von Kalina an. Dann zogen meine Eltern zu mir, und wir waren wieder beieinander.

Mein Vater ministrierte an Sonntagen, aber auch werktags, mit Freude beim hl. Meßopfer am Altar. Deswegen zog er sich wieder die Ungnade der Regierung zu. Die Regierungsbediensteten beschimpften ihn und drohten damit, ihm seine Pension zu entziehen, denn es sei für einen ehemaligen wissenschaftlichen Mitarbeiter eine Schande, in der Kirche zu ministrieren. Mein Vater antwortete darauf, sie sollten dann eben seine Pension für sich behalten; es gebe für einen Menschen keine größere Ehre, als einem Priester am Altar dienen zu dürfen. «Ich bin dessen nicht würdig …» Als sie einsahen, daß er damit nicht einzuschüchtern war, ließen sie ihm seine Pension und schikanierten ihn nicht mehr.

Sein ganzes Leben lang bat mein Vater den gütigen Gott inbrünstig um die Gnade, wie der rechte Schächer am Kreuz sterben zu dürfen, aber dann nach dem Tod beim Herrn zu sein. Gott hat sein Gebet erhört. Am 28. April 1963 wurde er auf dem Weg zur Kirche von einem Lastwagen angefahren. Seine Schädeldecke wurde zersplittert, ein Knie und die Beine zertrümmert, seine Leber zerquetscht. Betend und immer Reue erweckend, litt er einen ganzen Tag im 1. Krankenhaus zu Vilnius und entschlief am 29. April um 11 Uhr vormittags im Herrn. Sein Antlitz strahlte Frieden und Freude aus. Die Bekannten sagten, so schön wie jetzt im Tod sei er nicht einmal im Leben gewesen. Er starb mit 63 Jahren. Selig sind die Toten, die im Herrn sterben! Möge er ruhen in der ewigen Freude des Herrn. Am 1. Mai 1963 haben wir ihn auf dem Friedhof von Riese beigesetzt.

Schon die Großeltern nach Sibirien verschleppt

Gerade in diesem Jahr wollte mein Vater unsere Großmutter, die Mutter meiner Mutter, aus Sibirien holen. Die sowjetischen Okkupanten hatten die Eltern meiner Mutter nach Sibirien in den Altai verschleppt. Ihre Vorfahren waren Leibeigene gewesen, und, wie die meisten Litauer, sehr arbeitsam. Der Vater meiner Mutter bekam zur Zeit der Unabhängigkeit Litauens ein Darlehen von einer Bank und erwarb bei einer Versteigerung zusammen mit anderen Bauern ein Stück des Gutsbesitzes eines polnischen Gutsherrn, der alles verspielt hatte. Er und seine Kinder bauten sich selbst ein Haus, und sie arbeiteten alle sehr fleißig vom frühen Morgen bis zum späten Abend. Sie waren tief religiös und gerecht. Jene, die in der Hochsaison bei meinen Großeltern mithalfen, erzählten mir, daß sie zu allen wie richtige Eltern gewesen seien. Alle bekamen am gleichen Tisch das gleiche Essen, alle arbeiteten zusammen, und die Leute wurden reichlich entlohnt.

«Wir haben da am Tag mehr bekommen als in einem Kolchos im ganzen Monat», erzählte mir eine Frau mit Tränen in den

Augen. «Sie waren besser zu mir als meine Eltern ...» Diese Frau lebt heute noch in Svedasai.

Nicht nur in Litauen wurden meine Großeltern geliebt und verehrt, sondern auch von den Menschen in Sibirien. Sie betrachteten meinen Großvater Juozapas als einen Geistlichen, beteten mit ihm zusammen, besprachen mit ihm die verschiedensten Anliegen und baten ihn um Rat. Mein Großvater starb im Altai und wurde dort begraben. Auf sein Grab wurde ein Kreuz aus Birkenholz gestellt. Möge er in der Freude des Herrn ruhen, denn er hat allen, die ihm Böses getan haben, von Herzen vergeben!

Unsere Verwandten holten 1963 meine Großmutter nach Litauen zurück. Eine Zeitlang lebte sie bei uns. Damals wohnten wir in Vilnius in der Varsuvos 13–1 (neben dem Friedhof von Rasai). Wir hatten eine Souterrainwohnung gemietet, ein unheizbares, kaltes und feuchtes Zimmer, und eine Küche, in der wir wohnten. Meine Mutter liebte und verehrte die Großmutter sehr.

Zu all den Krankheiten meiner Mutter kam 1964 nach einer Erkältung noch Polyarthritis hinzu. Sie war schwer krank und schwitzte oft stark, die Hände und Füße waren ganz deformiert. Fünfeinhalb Jahre lag sie in ihrem Bett. Die Wohnung war sehr schlecht, und auf die Kooperativewohnung mußten wir fünf Jahre warten, obwohl meiner Mutter eine Invalidität 1. Grades bescheinigt war, und sie deswegen auch außer der Reihe eine Wohnung hätte bekommen müssen.

Einmal kamen Ausländer, um meine Mutter zu besuchen. Sie waren über unsere Behausung ganz entsetzt und ihnen graute, sich länger in der Küche aufzuhalten. «Bei uns», so sagten sie, «haben sogar die Neger unvergleichlich bessere Wohnungen.» (Die ganze sowjetische Propaganda, daß alles für das Volk sei, stimmt in der sowjetischen Wirklichkeit nicht.)

Eines Tages besuchte uns meine Cousine. Als sie unsere armseligen Wohnverhältnisse sah, bot sie der Großmutter an, bei ihr zu überwintern. Sie, ihre Familie und ihre Eltern hatten ein stattliches Holzhaus. Da uns mitgeteilt worden war, daß wir die Kooperativewohnung in diesem Jahr noch nicht bekommen würden, ließen wir die Großmutter wegziehen, damit sie es bei ihrer anderen Tochter und Enkelin besser habe. Sie bekam dort ein eigenes, warmes Zimmer, doch wurde sie nach einiger Zeit krank. Meine Cousine und meine Tante pflegten die Großmutter mit viel Liebe, aber der erschöpfte Organismus war nicht mehr in der Lage, gegen die Krankheit anzukämpfen, und die Großmutter entschlief im Herrn. Sie möge ruhen in Frieden. Meine Mutter konnte nicht zur Beerdigung fahren, weil sie selber schwer krank war und das Bett nicht verlassen konnte.

Nach vielen Bemühungen und Amtswegen bekamen wir endlich am 23. Dezember 1969 in Lazdynai, Architektu 27–2, eine Kooperativewohnung. Wir zahlten dem Staat 6124 Rubel dafür. Fast den ganzen Betrag für die Kooperativewohnung zahlte mein Bruder, der seit 1958 in verschiedenen Ortschaften als Oberagronom tätig war. Er war damals noch allein und sehr sparsam, liebte die Mutter sehr und sorgte dafür, daß sie eine Wohnung bekam. Er selbst zog sich bei der Arbeit auf dem Versuchsgut Volke als leitender Agronom eine Erkältung zu, und die Ärzte verboten ihm, auf dem Feld zu arbeiten. Deswegen trat er 1971 im Landwirtschaftsministerium in Vilnius eine Stelle als leitender Agronom und Volkswirtschaftler an. Mit der Wohnung für die Mutter und mich wurde auch ihm ein Zimmer zugeteilt. So bekamen wir eine Dreizimmerwohnung. Ich arbeitete die ganze Zeit als einfache Arbeiterin in Fertigungsbetrieben und pflegte die Mutter.

Die Mutter hat sich aber nicht lange über die neue Wohnung freuen dürfen. Ein halbes Jahr später, am 15. Juni 1970, entschlief sie im Alter von 54 Jahren im Herrn.

Die Mutter hatte den lieben Gott um einen leichten Tod gebeten. Sie war zwar seit ihrem 23. Lebensjahr immer schwerkrank, aber sie ist ohne Schmerzen zum Herrn hinübergegangen. Nach der Ansicht des verstorbenen Arztes L. Siniakas, der sie behandelte, ist sie an tuberkulöser Meningitis gestorben.

Meine Mutter konnte leiden und lieben. Sie war Gott stets für alles dankbar. Bronyte Kibickaite, die mit mir und meinem Bruder am Bett unserer sterbenden Mutter betete und uns half, sie aufzubahren, wollte wenigstens mit einem Auge sehen, wo die Mutter jetzt sei. Als wir uns zur Ruhe gelegt hatten, hörte Bronyte nachts eine so wunderbar schöne Musik mit Gesang, wie sie sie noch nie gehört hatte. Sie setzte sich im Bett auf, und Musik und Gesang verstummten. Kaum hatte sie sich wieder hingelegt, war wieder dieselbe Musik da. Dies geschah dreimal nacheinander. Bronyte sagte zu mir: »Die Mutter ist im Himmel. Ich habe sie zwar nicht gesehen, aber dafür habe ich gehört, wie wunderbar dort gesungen wird.«

Möge unsere Mutter in der ewigen Freude des Herrn ruhen! Wir haben sie in Riese neben unserem Vater beerdigt.

Wie ich schon erwähnte, verrichtete ich die ganze Zeit einfachste Arbeiten: Ich war Schreibkraft, Maschinenschreiberin, Arbeiterin in Fertigungsbetrieben und ähnliches. Deswegen konnte ich ohne Sorge zur Kirche gehen und beten. Aber als ich 1970 für den Priester Ananas Seskevicius, der vor Gericht gestellt wurde, weil er Kindern Religionsunterricht erteilt hatte, einen Verteidiger besorgte, war ich im Rechencenter der Fakultät für Physik und Mathematik an der Universität zu Vilnius in einer Planstelle eines Oberingenieurs tätig. Ich verdiente im Monat etwa 100 Rubel. Diese Arbeit mußte ich aufgeben, weil mich nach der Drohung des KGB-Untersuchungsbeamten Gudas wegen der »Verteidigung« des Priesters A. Seskevicius der Rektor der Universität zu sich rufen ließ und mir sagte, es werde ihm schlecht ergehen, wenn ich nicht von mir aus die Arbeit aufgäbe. Daher setzte ich eine Erklärung auf, und man entließ mich »auf eigenen Wunsch« aus der Arbeit. Kein Mensch soll um meinetwillen Unannehmlichkeiten haben. Ich absolvierte dann einen Krankenschwesternkurs und arbeitete im Kinderheim in Vilnius, wo Findelkinder und Waisen bis zu ihrem 3. Lebensjahr betreut werden. Die armen Kinder, wie sehr brauchen sie die Liebe einer guten Mutter!

Kanonikus Rauda — krank aus dem GULAG heimgekehrt

Damals hatte ich außerdem Gelegenheit, den schwerkranken Kanonikus Petras Rauda, den ehemaligen Religionslehrer meiner Mutter, zu pflegen. Er hatte 13 Jahre in der Gefangenschaft im sowjetischen GULAG verbracht, weil er sich nicht der Lüge beugen wollte. Als er heimkehrte, war er aufgedunsen vor Hunger, hatte alle Zähne verloren und war fast erblindet. Er wollte nicht mehr an die Hölle denken, die er erlebt hatte. Er ist aber nicht daran zerbrochen, sondern nicht nur selbst der Wahrheit treu geblieben, sondern er lehrte auch andere, auf Gott allein zu vertrauen und mutig zur Ehre Gottes und zum Wohle der Heimat zu arbeiten. Er hat allen vergeben, alle geliebt, für alle gebetet. Er war sehr geduldig. Er wußte, daß er an Magenkrebs erkrankt war und nicht mehr gesund werden würde, aber er war immer heiter und gelassen.

Er betete gern: »Laß mich in Ewigkeit bei Dir sein, Herr, wenn auch nur im hintersten Winkelchen!« Und wenn seine ehemaligen Schüler, jetzt schon Ärzte, weinten, wenn sie ihn so abgemagert sahen, lächelte er und sagte: «Freut euch doch, und vergießt keine Tränen! Wenn ihr eure Kinder zu ihren Großeltern aufs Land in die Ferien schickt, dann freut ihr euch doch, daß sie sich dort erholen werden. Ich schicke mich an, zu dem besten Vater von uns allen zu gehen. Weint also nicht, sondern freut euch!»

Bis zu seinem Tode konnte er die anderen fröhlich machen und trösten. Obwohl er sehr litt, nahm er keine schmerzlindernden Arzneien. Er wollte mit vollem Bewußtsein im Geiste der Buße alle Schmerzen ertragen. Besonders viel betete er für die Priester Litauens, die ihm sehr am Herzen lagen. Jeden Tag betete er für Rußland. Er war auch allen für die geringste Hilfeleistung dankbar. Mich wunderte es, wie er bei einem so schweren Leiden überhaupt noch solche Kleinigkeiten wahrnehmen und sich bis zu seinem Tode um das Wohl der anderen Menschen sorgen konnte. So können nur große Charaktere leben und sterben! Kanonikus Petras Rauda entschlief am 7. März 1974 im Herrn. Möge er ruhen in der ewigen Freude des Herrn.

Am 27. August desselben Jahres wurde ich verhaftet. Mein Traum ist in Erfüllung gegangen: Alle guten Menschen waren schon im Gefängnis gewesen, und auch ich wollte sehen, wie es dort zugeht. Gott sei es gedankt, mein Traum hat sich erfüllt. Man sollte sich vor dem Gefängnis nicht so arg fürchten, denn wenn Gott ein Kreuz schickt, dann hilft er auch, es zu tragen. Der selige Kanonikus Petras Rauda konnte und wollte sich nicht einmal an seine Mißhandlungen erinnern (er ist körperlich mißhandelt worden), sehnte sich aber nach diesem seelischen Zustand: Im Leiden ist Gott sehr nahe! Deswegen kann man mit Gott im Herzen auch in der Hölle des GULAG wie im Himmel leben. Wenn nur die Liebe nicht im Herzen erlöscht!

Auch die Frau meines Bruders war im GULAG

Auch die Frau meines Bruders, Maryte, hat viel gelitten. Sie wurde 1948 als 13jähriges Mädchen zusammen mit ihren Eltern und ihrer um drei Jahre älteren Schwester nach Sibirien verschleppt. Warum?
Ihre Familie wohnte im Bezirk Marijampole, 3 km von der Stadt Kalvarija entfernt, am Orija-See. Als es eines Tages wie aus Kübeln goß, flüchteten drei vorübergehende Partisanen in ihre Scheune, um sich vor dem Regen zu schützen. Aber es hatte sie jemand gesehen und zeigte sie an. Sofort kamen die Stribas, ermordeten die Partisanen und brachten die Familie von Maryte fort. Ihren Vater haben sie grausam geschlagen und mißhandelt und ins Gefängnis geworfen. Später brachten sie ihn in ein Konzentrationslager. Von den Qualen zu Tode erschöpft, starb er. Maryte, erst 13 Jahre alt, mußte in der sibirischen Taiga in der Nähe von Irkutsk Äste zusammensuchen, zerbrechen, in zwei Kübel stopfen, und wenn diese voll waren, mußte sie sie zum Lagerplatz schleppen. Alle hungerten und froren. Ihre Mutter

wurde an beiden Beinen gelähmt. Später konnte Maryte mit großer Not die Krankenschwesternschule in Irkutsk besuchen und
abschließen. Nach Litauen zurückgekehrt, absolvierte sie 1958
durch Fernunterricht das Medizinische Institut zu Kaunas, und
das nur dank ihres Fleißes und ihrer Begabung. Jetzt arbeitet sie
in der Poliklinik als Augenärztin. Maryte hat schon von ihrer
Kindheit an viel Not gesehen, deswegen kann sie jetzt auch mit
allen Leidenden mitfühlen und hilft, wo immer nur möglich.
Die Kranken lieben und schätzen sie sehr.

Die Verfolgungen dauern an

Am 9. Dezember 1986 fanden in Vilnius Hausdurchsuchungen
statt; es wurde nach religiöser Literatur gefahndet. Dabei wurden Säcke voll religiöser Bücher beschlagnahmt sowie Schreib-
maschinen. Ein etwa 40jähriger Mann mit dem Namen Gediminas − an seinen Familiennamen kann ich mich nicht erinnern −
wurde festgenommen. Er wird der Verbreitung von religiöser
Literatur beschuldigt ...
Die Gläubigen und die religiöse Literatur sind jetzt Gorbatschows besondere Feinde, gegen die er erbarmungslos befiehlt.
Möge ihm der gütige Gott barmherzig sein!
Es bedarf vieler Gebete und Opfer, damit er sehend werde ...
Seit 1987 werden die Sendungen der ausländischen Rundfunk-
sender noch mehr gestört, besonders das religiöse Programm,
Radio Vatikan und selbst die aus dem Vatikan übertragene hl.
Messe.
Wir danken allen von Herzen, die in ihren Gebeten an uns den-
ken. Möge der gütige Gott es ihnen tausendfach vergelten!

II.
LITAUENS CHRISTEN
IM AUFBRUCH

Der Überfall auf Nijole Sadunaite
Von Casimir Senkus

Am 11. Februar 1988 meldete die Weltpresse:
Litauen: Die führende Bürgerrechtlerin Sadunaite zusammengeschlagen. Bürgerrechtskreise werten den Überfall als «Einschüchterungsakt des Partei- und Sicherheitsapparates» im Vorfeld der geplanten Manifestationen zum 70. Jahrestag der Unabhängigkeit Litauens.
Vilnius, 11.2.88 (Kathpress). Die 49jährige Nijole Sadunaite, eine der führenden Persönlichkeiten der litauischen religiösen Bürgerrechtsbewegung, ist in Vilnius von zwei unbekannten Männern brutal zusammengeschlagen worden. Der Überfall trug sich untertags in einer der ruhigen Seitenstraßen unweit der St. Anna-Kirche in der Altstadt von Vilnius zu. Sadunaite, die seit Tagen unter ständiger Beobachtung des KGB steht, war auf ihrem Weg durch die Innenstadt verfolgt worden. Als sie für einen Anruf bei einer Telefonzelle stehen blieb, wurde sie von ihren Verfolgern überfallen, geschlagen und mit Füßen in den Unterleib getreten. Erst als Passanten vorbeikamen und eingriffen, verschwanden die Täter unerkannt. Vorher hatten sie ihr noch angedroht, daß man sie töten werde.

Nijole Sadunaite trug an ihrem Körper die Spuren der Mißhandlungen, hat jedoch keine inneren Verletzungen erlitten; sie befand sich einige Tage in ihrer Wohnung in Vilnius in häuslicher Pflege.

In Kreisen der litauischen Bürgerrechtsbewegung herrscht – wie es in einer Information des Europabüros des Exil-Baltischen Weltrates heißt – «eindeutig die Meinung vor, daß es sich bei dem Überfall um einen Einschüchterungsakt des Partei- und Sicherheitsapparates handelt». Soweit die Pressemeldung.

Der Überfall trug sich wenige Tage vor dem 70. Jahrestag der Unabhängigkeitserklärung Litauens zu, für den Kreise der litauischen Bürgerrechtsbewegung zu Gottesdiensten und friedlichen Kundgebungen aufgerufen hatten. Die Behörden hatten diese Gedenkveranstaltungen zum Jahrestag der Unabhängigkeit Litauens als «antisowjetischen Akt» verurteilt und Polizeiaktionen und Gegendemonstrationen angekündigt und durchgeführt. Auf Bischöfe und Priester wie auch auf die Bevölkerung wurde Druck ausgeübt, an den Gedenkveranstaltungen nicht teilzunehmen.

In Kreisen der religiösen Bürgerrechtsbewegung hält man es für möglich, daß der Überfall einen Racheakt für die Weitergabe dieser Informationen ins Ausland darstellt und daß es sich gleichzeitig um eine «drastische Warnung» an die Kreise der Bürgerrechtsbewegung handelt, von den geplanten Manifestationen am 13.–14. und am 16. Februar 1988 Abstand zu nehmen.

Nijole Sadunaite hatte am Tag des Überfalls auf sie an einem Gottesdienst außerhalb der Stadt Vilnius – in Rudamina – teilnehmen wollen. Dabei war des zweiten Todestages des katholischen Priesters Juozas Zdebskis, eines führenden Aktivisten der religiösen Bürgerrechtsbewegung in Litauen, gedacht worden. Der Geistliche war unter verdächtigen Umständen bei einem Autounfall getötet worden. In Kreisen der Bürgerrechtsbewegung vermutet man auch hinter diesem «Unfall» das KGB.

Die gotische St. Anna-Kirche in Vilnius.

Nach diesem Überfall haben sich manche Leute gefragt, warum Nijole Sadunaite solche Leiden auf sich nimmt.

Warum Nijole Sadunaite sich engagiert

Ist ihr Einsatz verständlich für alle, die wissen, daß im Ringen gegen die Ungerechtigkeit der sowjetischen Besatzung des Landes und die Unterdrückung der Kirche keine menschliche Tat zu groß ist, so bleibt doch die oben genannte Frage noch unbeantwortet. Eine Antwort darauf gibt Nijole Sadunaite selbst durch ihren unermüdlichen Einsatz, der zutiefst auf Gott baut.

«Wir lassen uns nicht provozieren», sagte sie Anfang Februar 1988 im Zusammenhang mit den friedlichen Kundgebungen anläßlich des 70. Jahrestages der Erklärung der Unabhängigkeit Litauens. Falls die staatlichen Sicherheitsorgane den Weg zur Kranzniederlegung an den Grabstätten litauischer Patrioten verhindern, «werden wir uns den Weg nicht erzwingen – wir werden statt dessen in eine Kirche gehen», war ihre Erklärung. Wie auch viele andere, will sie den Kampf um die Freiheit für Kirche und Volk nicht aufgeben; sie schreckt sogar vor einem gewaltsamen Tode nicht zurück. «Wenn sie (die KGB-Leute) mich tatsächlich umbringen, wie sie es mir oft angedroht haben, oder wenn ich Opfer eines (fingierten) Unfalls werden sollte, dann sollte niemand daran zweifeln, daß dies das Werk des KGB war», sagte sie in einem Telefonat mit dem Leiter des Europabüros des Baltischen Rates, Algis Klimaitis, in Straßburg und mit dem «Litauischen Katholischen Informationszentrum» in New York.

Oben: Seit der Schließung der St. Casimir-Kirche befinden sich die Gebeine des hl. Casimir in der St. Peter und Paul-Kirche in Vilnius. Eine Biographie von Suziedelis über den hl. Casimir erschien im Christiana-Verlag.
Unten: Gottesdienst in der Nikolaus-Kirche in Vilnius. Rechts an der Kommunionbank kniend, Nijole Sadunaite.

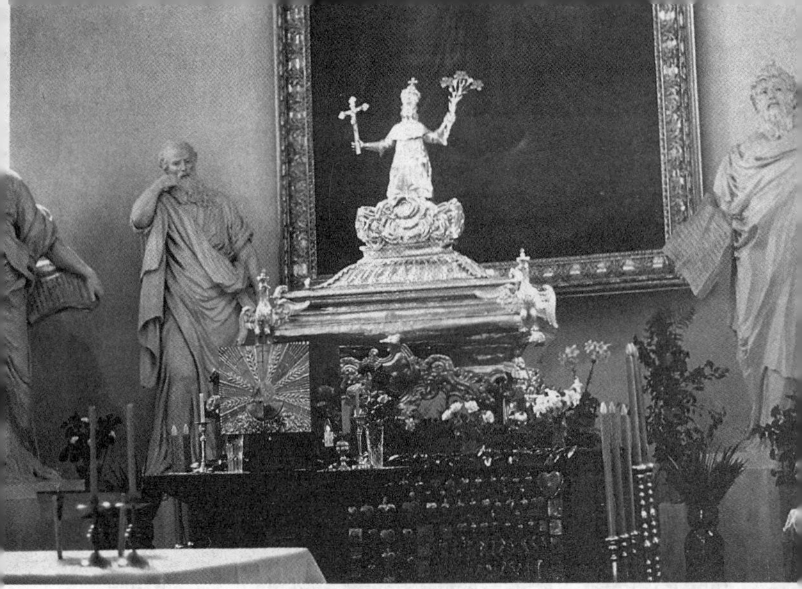

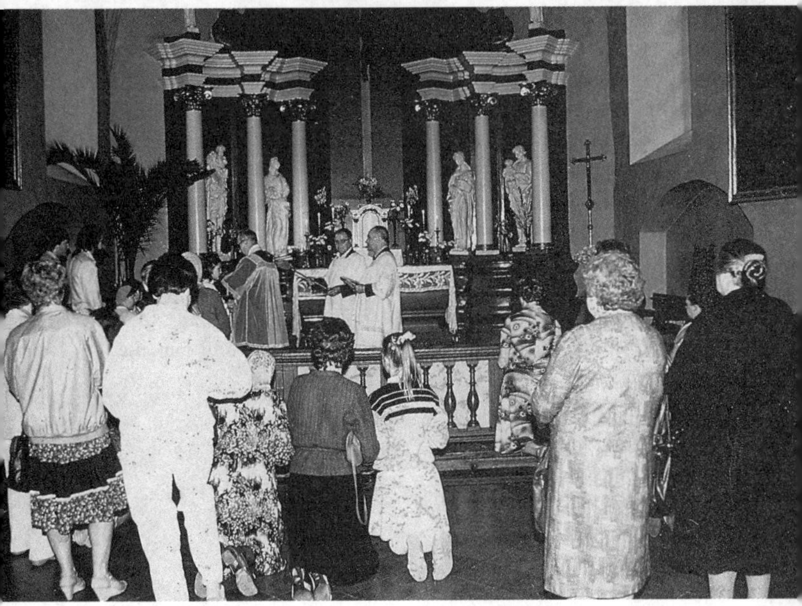

Nicht zuletzt dank ihrer führenden Mitwirkung sind die Manifestationen am 23. August 1987 in Vilnius und die jüngsten Kundgebungen im Februar 1988 in Kaunas, Vilnius und anderen Orten friedlich verlaufen, obwohl die staatlichen Sicherheitsorgane sie mit Gewalt verhindern wollten und zum Teil mit Schlagstöcken und Verhaftungen unterdrückt haben.

Aus dem Gesagten wird klar:

1. daß Litauen nicht Rußland ist, und 2., daß Schlagstöcke der Miliz und Verhaftungen von friedlichen Bürgern durch die regierende Macht ein deutlicher Beweis sind, daß dort Kirche und Volk immer noch keine Freiheit haben.

Nijole Sadunaite und andere Bürgerrechtler geben den Kampf für die Menschenrechte nicht auf, vor allem deshalb,

– weil die Kirche und die Gläubigen dort immer noch in ihren fundamentalen Rechten eingeschränkt sind und benachteiligt werden, und weil das litauische Volk durch die Besatzer ausgebeutet wird und weil dem litauischen Volk durch den Hitler-Stalin-Pakt vom 23. August 1939 auf illegale, völkerrechtswidrige Weise seine anerkannten souveränen Rechte geraubt wurden;

– weil die Litauer infolgedessen durch die sowjetische Besatzungsmacht gehindert werden, ihre eigene Meinung bei öffentlichen Kundgebungen frei zu äußern, freie Wahlen abzuhalten etc.

Sie sagen: «Wir lassen uns nicht provozieren»; sie verlangen aber ihre garantierten Rechte, als freie und vollberechtigte Bürger zu leben, zu denken, zu glauben und sich frei zu betätigen, um sich voll entfalten zu können. Sie wissen: Gott will, daß alle Menschen die «Freiheit der Kinder Gottes» erlangen und genießen können.

Meine Begegnung mit Nijole Sadunaite und anderen litauischen Christen

Von Schwester Michaela Baumann

Im August 1988 hatten wir, meine Mitschwester und ich, Gelegenheit, zusammen mit einer Reisegruppe Litauen zu besuchen. Kaum war der Zug in den Bahnhof in Vilnius eingefahren, hatten die Mitreisenden schon ihre Angehörigen und Verwandten auf dem Bahnsteig entdeckt; denn es waren vorwiegend Baltendeutsche, die sich zu dieser Reisegruppe zusammengefunden hatten und die ihre Heimat wiedersehen wollten.

Wir waren in Vilnius nicht angemeldet und mit unserem schweren Gepäck beschäftigt, als ich plötzlich meinen Namen rufen hörte. Da drehe ich mich um und sehe eine Frau, die ein Plakat in die Höhe hält mit der Aufschrift: «Grüß Gott, liebe Michaela!» … und *Nijole Sadunaite* und Michaela liegen einander in den Armen! Ein Moment, der mir noch immer wie ein Traum erscheint! Wir wischten uns gegenseitig die Freudentränen ab, umarmten uns wieder und wieder. Wir redeten beide gleichzeitig, jede in ihrer Muttersprache – und verstanden uns! Nijole kann nicht deutsch, ich nicht litauisch, aber was tat das schon. Es gibt Situationen, in denen Worte ohnehin versagen.

Auch *Julius Sasnauskas* und seine Schwester *Leonora Sasnauskaite* waren zu unserer Begrüßung gekommen und überreichten uns wunderschöne Rosen.

Die Mitreisenden drückten später ihre Verwunderung aus und meinten: «Sie sind am allerherzlichsten von allen begrüßt worden. Haben Sie nicht gesagt, Sie hätten hier keine Angehörigen? Wie kommt das dann?» Die lieben Leute haben keine Ahnung, wie tief der gemeinsame Glaube an Jesus Christus, aber auch das von Herzen miteinander getragene Leid verbinden.

Ich sagte zu Nijole: «Nun sehen wir uns heute zum ersten Mal, und mir ist, als ob wir uns schon immer, schon hundert Jahre kennen würden.» Und Nijole: «Seit Ewigkeit kennen wir uns – in Gott!», und in ihrer warmen Herzlichkeit umarmte sie mich von neuem. Viele Stunden durften wir mit ihr zusammen sein.

Sie sprüht vor Lebendigkeit und spricht eine internationale Sprache durch ihr lebhaftes Mienenspiel und ihre ausdrucksvollen Hände. Furchtsamkeit kennt sie offenbar nicht mehr.

Ich habe immer gemeint, wir sollten uns zum Schutz unserer Freunde nicht immer vor unserem Hotel treffen; wir hatten nämlich gemerkt, daß wir beobachtet wurden und ihnen das auch gesagt. Aber sie meinte nur: «Der übliche psychische Terror! Laßt euch nicht einschüchtern!»

Als wir am Nachmittag des ersten Tages in Vilnius zusammen mit ihr und anderen Freunden zum Gediminasplatz gingen, wo *Petras Cidzikas* und *Algis Andreika* einen Hungerstreik begonnen hatten, um auf die noch in Unfreiheit lebenden Gewissensgefangenen aufmerksam zu machen, ergriff Nijole das Wort und erklärte den Menschen, die sich um die beiden versammelt hatten, sinngemäß, daß die auf Plakaten angeführten Gefangenen, z.B. Viktoras Petkus, Balys Gajauskas, Sigitas Tamkevicius, Gintantas Jesmantas u.a. keine Verbrecher seien, sondern Menschen, die sich für Gott und ihr Vaterland eingesetzt hätten und zu Unrecht leiden müssen. Sie hatte aufmerksame Zuhörer, vielleicht auch KGB-Leute. Sie fragte nicht danach.

Als sie geendet hatte, erklärte *Robertas Grigas*, unser liebenswürdiger Dolmetscher, den Umstehenden: «Wer hier eben zu euch gesprochen hat, war Nijole Sadunaite, von der ihr so Schreckliches in den Zeitungen gelesen habt. Nun urteilt selbst, ob sie wirklich so schrecklich aussieht!»

Zu den anfangs nur zwei Hungernden hatten sich bald mehrere gesellt. Am Schluß waren es acht oder zehn. Die Gruppe der Sympathisanten und Interessierten wuchs von Tag zu Tag. Die

Menschenauflauf bei einem Hungerstreik für Gewissensgefangene auf dem Gediminasplatz im August 1988. In Hintergrund der Dom von Vilnius.

Leute brachten Blumen herbei; andere stellten sich mit der litauischen Fahne dazu; wieder andere brachten Mineralwasser, warme Decken und später Liegen, denn mehr als eine Woche lang harrten die Hungernden Tag und Nacht aus. Nachts gab es Solidaritätsgruppen, die sich zu ihrem Schutz bereithielten und bei ihnen wachten. Daß die herbeigerufene Polizei provozierende betrunkene Russen abführte und nicht − wie man es bisher befürchten mußte − die Streikenden, war wieder ein kleines Hoffnungslicht, ebenso wie die objektiven Berichte in der Zeitung, aus denen man diesmal nicht den gehässigen oder ironisierenden Unterton vernahm, wie er bisher bei ähnlichen Situationen üblich war.

Unbeschreiblich war die Stimmung, als der erst vor gut einem Jahr aus dem fernen Sibirien heimgekehrte Priester J.-K. *Matulionis* am Sonntag dort auf dem Mäuerchen die hl. Messe feierte. Mit fast brechender Stimme gab er die Intention an: Für unser geliebtes Litauen, für alle, die noch für Gott und Vaterland leiden, für alle, die sich für sie einsetzen ...

Die Menschen − man schätzt, daß es an die 1 000 waren − harrten bei strömendem Regen aus, sangen mit großer Inbrunst ihre mehrstimmigen Lieder, auch wenn vielen die Tränen über die Wangen liefen. Es war einfach ergreifend.

Hat es etwas gebracht? Nun, ich weiß nicht, wie es letztendlich ausgegangen ist. Soviel aber haben wir noch mitbekommen, daß Regierungsvertreter ernsthaft und ernstlich mit den Hungernden redeten und versprachen, ihr Anliegen zu prüfen.

Auch Pfarrer *Alfonsas Svarinskas* haben wir dort bei den Hungernden noch kurz vor seiner Abreise angetroffen. Seit dem 23. August 1988 ist er nun in der Bundesrepublik.

Wir haben auch gespürt, woher Nijoles Kraft kommt und wo die Quelle für ihren Mut zu suchen ist: Wir sahen sie beten!

Pfarrer J. K. Matulionis bei der hl. Messe auf dem Gediminasplatz in Vilnius am 21. August 1988. Mit dem Rücken zum Betrachter: Robertas Grigas.

Wenn wir eine Kirche besuchten, war Nijole als erste auf den Knien und konnte sich sofort versenken in die Anbetung des eucharistischen Herrn. Manchmal, wenn wir neben ihr knieten, zog sie uns richtig hinein in ihr Beten, indem sie den Arm um uns legte und mit gewinnendem Lächeln für uns und mit frohem Aufblick zu Gott in ihrem unnachahmlichen Tonfall ihr «Aciu! Aciu labai!» (= Danke! Danke!) wiederholte.

Wir haben mit ihr zusammen gebetet im «Tor der Morgenröte» beim Gnadenbild der «Mutter der Barmherzigkeit» und auf unserer Fahrt nach Kaunas im Auto den Rosenkranz betrachtet. Es passierte uns auch, daß sie neben uns in der Bank auftauchte, wenn wir am frühen Morgen der hl. Messe in der St. Raphael-Kirche unweit des Hotels beiwohnten. Wann war sie denn schon aufgestanden? Sie wohnt ja weit draußen in Lazdynai, dem neuen Stadtteil von Vilnius, und hatte also schon einen beachtlichen Weg zurückgelegt.

Nijole ist auch ein Mensch voll Aufmerksamkeit für die anderen: Auf dem Vorplatz des Hotels fällt ein Kind vom Fahrrad – Nijole eilt hinzu und tröstet. Eine Babuschka steigt in den überfüllten Bus – Nijole besorgt ihr einen Sitzplatz. Wir geben ihr eine Tasche mit einigen nützlichen Dingen für sie – am nächsten Tag kommen wir im Gespräch zufällig darauf, daß das meiste schon nicht mehr in ihrem Besitz ist; sie hat es verschenkt. «Vitamine! Vitamine!» sagt sie beim Einkaufen im Intershop-Geschäft und holt die entsprechenden Waren aus dem Regal. Nicht für sich – für Pfarrer Tamkevicius und andere in der Verbannung, die nicht an solche Dinge herankommen und sie doch so nötig brauchen. Sie weiß es ja aus eigener Erfahrung. Sehr herzlich nimmt sie Anteil an der Trauer von *Brone Kibickaite*, ihrer Freundin und Mitschwester, deren Schwester kurz vor unserem Besuch gestorben war. Sie umgibt sie mit ihrer mütterlichen Wärme und ist be-

Nijole Sadunaite zusammen mit Brone Kibickaite, ihrer besten Freundin (August 1988).

strebt, Brone soweit als möglich in unsere Unternehmungen mit einzubeziehen.

Ihre Mitschwesterlichkeit war auch spürbar, als sie uns nach einem Gottesdienst in der Nikolauskirche weitere Mitschwestern vorstellte. Nijole ist zur Stelle, wo sie gebraucht wird. Nach der offiziellen Beendigung des Hungerstreiks kamen wir zufällig an der Wohnung des Algis Andreika vorbei, einem der Initiatoren des Hungerstreiks. Ein Engel muß ihr gesagt haben: «Gehe hinein!» Siehe da! Ein Moskauer Fernsehteam war gekommen und interviewte gerade Andreika und filmte in seiner Wohnung. Nijole kam ihm mit ihrer Schlagfertigkeit zu Hilfe bei der Beantwortung der Fragen, focht für ihn und mit ihm und untermauerte mit Beispielen, wo Unrecht geschehen ist.

Aufgefallen ist mir auch Nijoles herzliche Beziehung zu ihrem Bruder *Jonas Sadunas* und seiner Familie. Wir haben ja auch dort einen Besuch gemacht. Zufällig war Jonas gerade für ein Wochenende zu Hause. Er ist sehr krank und muß sich deswegen zur Zeit einer Behandlung in einem Sanatorium unterziehen. Jonas wirkt sehr ernst und sieht schlecht aus. Die psychische Belastung der vergangenen Jahre hat ihm doch sehr zugesetzt. Immer waren er und seine Familie in die Verfolgung einbezogen, die in erster Linie Nijole galt. Aber auch er ist ein Mensch, der mehr an andere denkt als an sich. Er meinte, wir sollten Nijole für ein Jahr zur Kur mit nach Deutschland nehmen. In der Tat ist ja auch sie trotz allem Temperament, das sie zeigt, offensichtlich nicht gesund. Sie war recht blaß und hustete dauernd. Ich bin kein Mediziner, aber mir kam doch vor, als ob ihre bronchitischen Beschwerden chronischer Art wären. Das Ansinnen von Jonas wies sie mit dem ihr eigenen Humor zurück. Niemand solle es wagen, sie in ein

Oben: Die Familie Sadunas mit Nijoles Bruder Jonas, ihrer Nichte Marija, und ihrer Schwägerin Maryte (August 1988).
Unten: Die Priester Ricardas Repsys und Robertas Grigas, der Kleriker Julius Sasnauskas, Nijole Sadunaite, Schwester Alberta (BRD) und Leonora Sasnauskaite, die Schwester von Julius (August 1988).

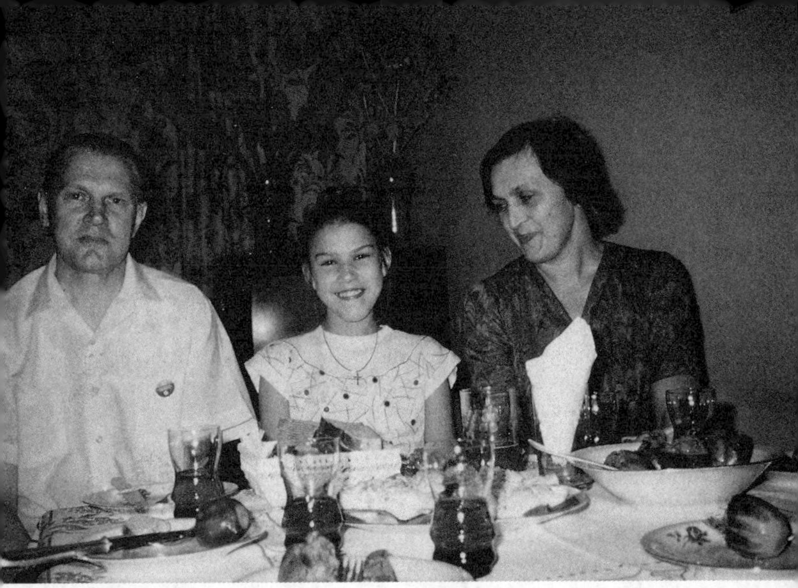

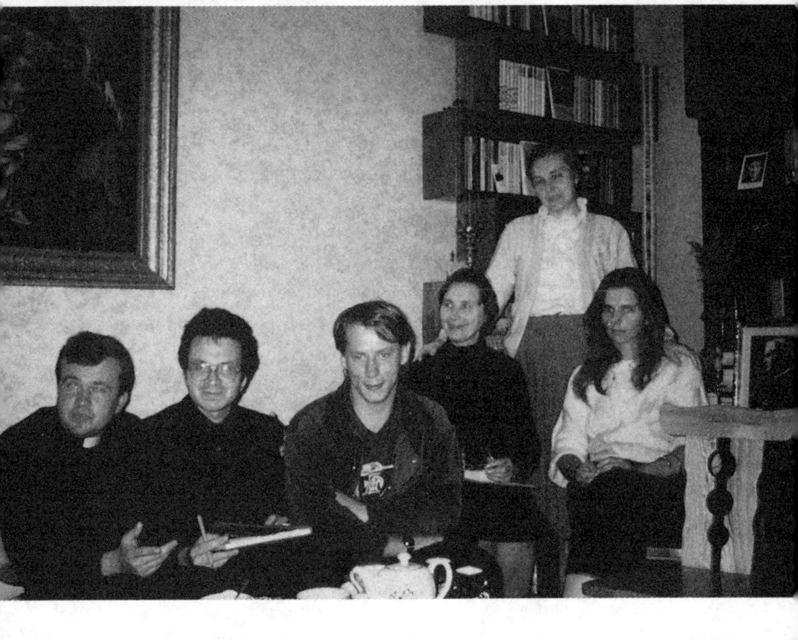

Krankenhaus einzusperren, weil sie es sonst machen würde wie Mathias Rust; nur würde sie natürlich auf dem Gediminasplatz in Vilnius und nicht auf dem Roten Platz in Moskau landen.

Mich rührte es auch, als Jonas ein Heft hervorholte, in dem die Namen all jener Personen verzeichnet waren, die Nijole während der Zeit ihrer Haft bzw. ihrer Verbannung geschrieben haben. Da fand ich auch viele Namen aus Deutschland fein säuberlich eingetragen. Die meiste Post hatte Nijole aus West-Deutschland bekommen, wenn auch nicht nur von hier.

Recht munter ist Marija, Nijoles Nichte, die wenige Tage später gefirmt wurde. Wir fragten, ob sie keine Benachteiligung in der Schule zu spüren bekomme. Maryte, die Mutter, erklärte dazu, sie sei zwar in die Schule gebeten worden, weil Marija als einzige der Klasse nicht in die Kommunistische Jugendorganisation eingeschrieben worden sei. Man habe ihr zu bedenken gegeben, das Mädchen lerne gut, werde aber unter diesen Umständen später Schwierigkeiten bekommen, wenn sie eine höhere Schule besuchen wolle. Ansonsten werde sie aber momentan nicht belästigt.

«Nijole kommt mir vor wie eine brennende Kerze, die sich verzehrt», sagte ein Mitreisender aus der BRD, der bis dahin auch nur von ihr gehört hatte und ihr nun zum ersten Mal begegnet war. Ich kann ihm nur beipflichten.

Aber wir durften bei unserem Aufenthalt noch vielen anderen strahlenden Menschen begegnen. Unmöglich, alle hier zu erwähnen.

Es wäre auf alle Fälle zu nennen *Robertas Grigas*, der uns unentbehrlich war, weil er für uns dolmetschen konnte. Sehr bescheiden in seinem Auftreten, sehr besonnen in seinem Reden, sehr mild und sanft und doch klar und fest entschlossen – so werde ich ihn in Erinnerung behalten. Ich sehe ihn vor mir als ruhenden Pol im Kreis der Hungernden auf dem Gediminasplatz, denen er sich angeschlossen hatte. Ich sehe ihn vor mir, wie er Pfarrer *Jonas-Kastytis Matulionis* assistierte, der dort bei den Hungernden am Sonntag bei strömendem Regen auf einem kleinen Mäuerchen, das als Altar diente, die hl. Messe feierte. Ich sehe ihn vor

Nijole Sadunaite zusammen mit dem Priester Robertas Grigas
(August 1988).

mir im «Tor der Morgenröte», wo er betend zum Gnadenbild aufblickte, während sich seine gefalteten Hände fast unmerklich zur Schale öffneten: Hinnahme und Hingabe! Erst später erfuhr ich, daß er im geheimen bereits die Priesterweihe empfangen hat, dies aber nach außen noch nicht zeigen durfte. «Robertas hat seine Bewährungsprobe bestanden», sagte ein Priester, der ihn gut kennt. Er hatte nämlich den Soldateneid verweigert und dafür in seiner Militärzeit weit weg in Kasachstan ein wahres Martyrium durchgemacht. Man lese die einschlägigen Berichte in der «Chronik d. L. K. K.» Nr. 53 und 54! Nach außen hin war Robertas lediglich als Sakristan tätig. Aber zu meiner großen Freude durfte ich nach unserer Rückkehr erfahren, daß ihn Kardinal Sladkevicius nun zur Konzelebration an den Altar geholt hat, als er zur Firmung in seiner Pfarrei weilte; anschließend wurde er in dieser Pfarrei als Kaplan eingesetzt.

Wir waren auch zu Gast bei *Dalija Sasnauskiene*, der Mutter von Julius, bei *Natalija Buceviciute*, die sich um Viktoras Petkus kümmert. Auch bei ihr wurden wir liebevoll bewirtet.

Ebenso kehrten wir bei *Brone Kibickaite* ein, die in einem Gebäude wohnen muß, das man eher eine Ruine nennen sollte. Nijole erklärte uns hier an Ort und Stelle sehr anschaulich einzelne Begebenheiten, von denen sie im zweiten Teil ihrer Erinnerungen schreibt.

Eine Episode, die uns Nijole nebenbei erzählte, sei eingeflochten. Während Nijole im Untergrund lebte, war bekannt, daß Brones Wohnung abgehört wurde. Deshalb unterhielt man sich meist schriftlich. Als sie jedoch wieder einmal bei ihrer guten Freundin weilte und man Gefäße aufstellen mußte, weil durch die Zimmerdecke Wasser eindrang, sagte Nijole laut und deutlich: «Wenn im nächsten Frühjahr westliche Gäste kommen, müssen wir sie hier hereinführen, daß man sieht, wie sowjetische

Oben: Pater Antanas Seskevicius S.J. (August 1988).
Unten: Kinder, die bei Pater Antanas den Religionsunterricht besuchen (August 1988).

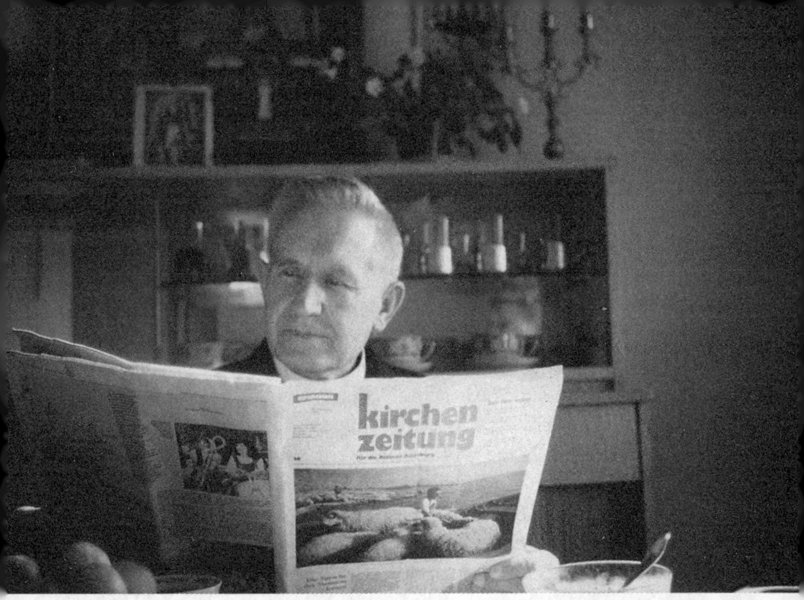
kirchen
zeitung

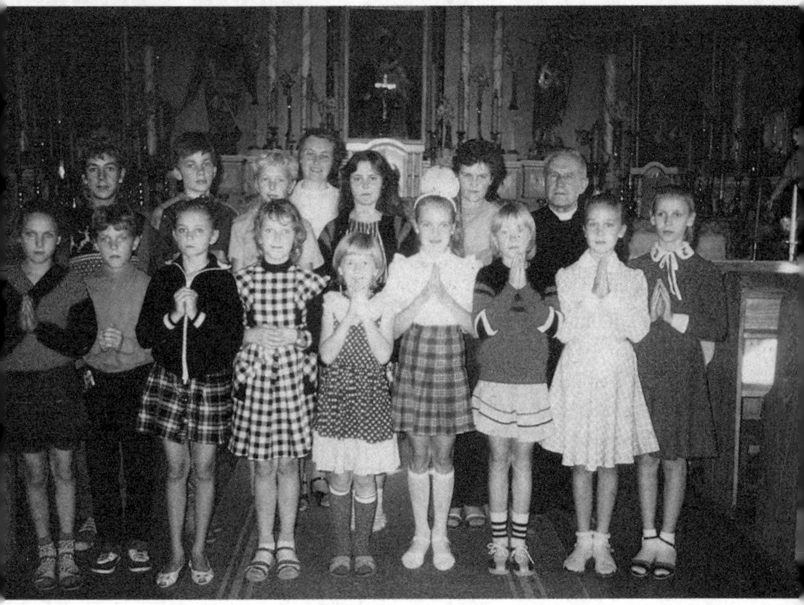

Wohnungen aussehen.» − Siehe da: in kürzester Zeit kamen Arbeiter, um die man sich lange vergeblich bemüht hatte, und reparierten Brones Wohnung − aber nur die ihre, nicht etwa alle Wohnungen im Hause. Jetzt sickert freilich schon wieder das Wasser durch die Decke. Große braune Flecken zeugen davon. Unvergessen bleibt auch die Begegnung mit *P. Antanas Seskevicius SJ.*, einem herzensguten Priester, der sein halbes Leben in Haft und Unfreiheit verbrachte, aber frei von Bitterkeit eine Milde und Fröhlichkeit ausstrahlt, daß man sich vom ersten Moment an in seiner Nähe wohlfühlt. Kein Wunder, daß sich die Kinder mit solcher Zutraulichkeit zum Religionsunterricht einfinden, den er wie die meisten Priester regelmäßig erteilt, obwohl kirchenfeindliche Gesetze es immer noch verbieten.

Ein strahlender Mensch ist auch *Liudas Simutis* in Kaunas. Auch er mußte mehr als zwanzig Jahre GULAG durchstehen und hat − menschlich gesehen − auch jetzt nichts zum Lachen. Aber er ist ein Christ und weiß, wem er vertraut. Liudas hat nur eine Teilzeitbeschäftigung in einer Zimmerei und soll mit dem geringen Lohn von 90 Rubel im Monat seine Familie ernähren. Mit seiner Frau und den fünf Kindern steht ihm nur eine Zwei-Zimmer-Wohnung zur Verfügung. Im Sommer, wenn sich die Kinder häufig draußen aufhalten, mag es ja leidlich gehen. Aber es ist mir ein Rätsel, wie die Familie die Situation bei den beengten Verhältnissen an Regentagen und im Winter meistert. Trotzdem: Nur fröhliche Gesichter! Pfarrer *Ricardas Repsys*, auch ein im Untergrund geweihter Priester, der uns mit seinem Auto nach Kaunas gebracht hatte, erzählte uns, daß er einmal zur Familie Simutis kam und sie alle kniend beim gemeinsamen Gebet antraf − eine wahrhaft christliche Familie!

Wir durften auch *Jadwiga Bieliauskiene* begegnen. Auch sie ist eine bescheidene und doch so geistvolle Frau! Mir fielen gleich wieder die Protestschreiben ein, die sie und andere Mithäftlinge im Lager verfaßt hatten, um damit für Irina Ratuschinskaja, eine junge russische Schriftstellerin, die besonders übel behandelt worden war, Erleichterung zu erwirken. Dabei war sie doch selber krank und leidend. Ich dachte auch an ihr mutiges Wort an ihre Richter, die sie 1983 zu vier Jahren Lager und drei Jahren Verbannung verurteilten, weil sie gegen die Verfolgung der gläubigen Jugend protestiert hatte und ihr Mitarbeit an der «Chronik d.L.K.K.» vorgeworfen wurde.

Ein sehr liebenswerter Mensch ist auch der Priester *Matulionis*, den ich schon erwähnte. Der einst an der Moskauer Oper gefeierte Tenorsänger, der sich dort die ersten Preise holte, wurde gefeuert, als sich zeigte, daß er auch in Gottesdiensten seine Stimme erklingen ließ. Er ist nun ein demütiger, aber mutiger Priester, der auch im Untergrund geweiht wurde und deswegen in den Augen der Regierung kein Priester ist. Er folgte seinem Pfarrer Sigitas Tamkevicius (der immer noch in der Verbannung in Sibirien ist) nur wenig später in die Unfreiheit. Anläßlich einer Amnestie «begnadigt» und entlassen, wurde er nach 10 Tagen wieder abgeholt und dann erst recht weit nach Sibirien transportiert. Seit gut einem Jahr ist er wieder zu Hause.

Ich habe nun noch nichts gesagt über *Julius Sasnauskas* und seine Schwester, die seine Gesinnung teilt. Julius ist jetzt Student im Priesterseminar in Kaunas, nachdem er zuvor mehrmals abgewiesen worden war. Das wäre ein eigenes Kapitel. Auch er hat als junger Mensch schon GULAG-Erfahrung, weil er es nicht lassen konnte, sich für sein Vaterland einzusetzen und Unterschriften für ungerecht Inhaftierte zu sammeln.

Ich habe nichts gesagt über *Petras Plumpa*, den wir mit seiner Familie in Kulautuva besuchten. Während seiner Gefangenschaft hatte uns Nijole von Bugutschany, ihrem Verbannungsort, aus gebeten, seine Familie zu unterstützen, was dann auch zu einem regen Austausch zwischen *Aldona*, seiner Frau, und mir führte. Ich war nicht wenig erstaunt, als ich an der Wand auf Holz aufgezogene Ansichtskarten von Donauwörth entdeckte. Vor 12 Jahren schon hatte ich sie Aldona geschickt, als Petras noch im Lager war.

Eine Sorge der Familie ist Aldonas angeschlagene Gesundheit. Sie bräuchte dringend eine gute ärztliche Behandlung. Ich weiß nicht, ob es möglich sein wird, ihr einen Heilaufenthalt bei uns zu ermöglichen. Sie hat ständig arge Schmerzen in den Gelenken.

Ich habe nichts gesagt über *Natalija Buceviciute*, die sich in selbstloser Weise um Victoras Petkus kümmert, der auch noch in Sibirien ist. Ihre relativ geräumige Wohnung stellt sie gern und oft zur Verfügung, wenn die Freunde sich treffen wollen. Bei ihr sind wir auch Pfarrer *Alfonsas Svarinskas* noch kurz vor seiner Abreise in den Westen begegnet.

Auf unseren Ausflügen besuchten wir auch das Priesterseminar in Kaunas und fanden sogar ein offenes Türchen, durch das wir hinter die hohe Mauer in den Hof gelangen konnten. Es war alles wie ausgestorben. Natürlich − Semesterferien! Wie die Atmosphäre dort im Alltag ist, erfuhren wir also nicht an Ort und Stelle, aber doch von solchen, die sie kennen. Es ist z.B. schon sehr befremdend, wenn man erfahren muß, daß Alumnen, erwachsenen Männern, Briefe, die offensichtlich angekommen sind, nicht ausgehändigt werden.

Wir fuhren auch einen Tag nach Palanga, dem bekanntesten Badeort Litauens an der Ostsee − wie lange noch? Die Wasserverschmutzung, vor allem die der vielen litauischen Flüsse, ist beängstigend, und unsere Reiseleiterin ließ keinen Zweifel daran, daß durch die Wärmekraftwerke und Baustoff-Fabriken auch die Luft erheblich belastet wird.

In Palanga hatten wir ein anderes unvergeßliches Erlebnis. Vom Bus aus sehen wir 30 bis 50 m lange Menschenschlangen auf der Straße. «Was ist hier los? Was gibt es da?», fragten wir unsere Reiseleiterin. «Die Leute warten auf die Zeitung!» − obwohl sie, wie ich mich überzeugte, noch gar nicht angeliefert war. Als wir aber vom Strand zurückkehrten, war es soweit. Ich beobachtete einen Mann, der mit aufgeschlagener Zeitung mitten auf

Pfarrer J. K. Matulionis bei der hl. Messe auf dem Gediminasplatz in Vilnius am 21. August 1988.

der Straße stehen blieb und ganz gefangen mit beinahe verklär-
tem Gesicht las und las, ja Zeile um Zeile in sich hineinsog. Es
war eine besondere Zeitung, nämlich die vom 24. August. Man
konnte darin lesen, was sich am Tag zuvor in Vilnius abgespielt
hatte – eine riesige Demonstration, die an den unseligen Hitler-
Stalin-Pakt erinnern wollte.

Wenn trotz des traurigen Gedenktages eine gewisse Freudigkeit,
so etwas wie Erstaunen von den Menschen Besitz ergriff, so kam
das daher, daß eine Demonstration wie diese – auch unsere Medien berichteten darüber – überhaupt möglich war, ohne daß sie
gleich in den Anfängen von den Knüppeln der Polizei aufgelöst
wurde. Ein Novum, das noch vor kurzem unvorstellbar war!
Man durfte offen seine Meinung sagen!

Glasnost und Perestroika? Vielleicht! Aber vielleicht doch eher
ein Werk der Gottesmutter und eine Frucht des von ihr in Fatima gewünschten Rosenkranzgebetes! Und hat sie nicht auch in
Medjugorje viele Beter dazugewonnen? «Allein den Betern kann
es noch gelingen …» Dies freilich ist eine Sache des Glaubens.

Sie werden jedoch auch nicht wissen, daß der mahnend, ja fast
drohend erhobene Zeigefinger aus Moskau nicht ausblieb: Es
wurde gewarnt, «die neue Offenheit für nationalistische Interes-
sen zu mißbrauchen». Und die Verhaftungen vor wenigen
Tagen in Moskau sprechen wieder eine sehr ernüchternde
Sprache …

Wir haben an unsere Freunde mehrfach die Frage gestellt, ob im
Zuge der Umgestaltung die Situation der Kirche besser geworden sei. Die meisten Antworten ließen bestenfalls einen höchst
vorsichtigen, zaghaften Optimismus verspüren, wenn man
nicht gleich abwinkte. Man könne nun zwar etwas ungehinder-
ter arbeiten, aber die alten religionsfeindlichen Gesetze seien immer noch in Kraft. Die Phase der propagierten neuen Offenheit
spornt jedoch alle an – gerade die kirchlichen und religiös enga-
gierten Kräfte –, die Gunst der Stunde zu nützen, von der niemand weiß, wie lange sie währt.

Die große Not ist im Augenblick die fehlende religiöse Literatur. Zwar erreichen christliche Schriften aus dem Ausland zur Zeit die Adressaten. Aber diese Bücher sind mit Ausnahme des NT in den wenigsten Fällen in litauischer Sprache zu haben. Man kann nun aber nicht voraussetzen, daß jeder Litauer auch Deutsch oder Englisch versteht. Im Land selbst gibt es jedoch keine Möglichkeit, den unbeschreiblichen Hunger nach geistlichem Schrifttum zu stillen. Es ist unbedingt ein Gebot der Stunde, eine Christenpflicht, hier zu helfen. Zwar ist schon einiges im Gange, und auch ich habe von drüben einige Übersetzungen guter Bücher ins Litauische mitgebracht. Aber wo ist der Verlag, der sie druckt, und wer bezahlt das?

Die geistige Not ist sehr groß, noch größer als die materielle – und auch die besteht in der Tat. Zwar muß wohl kaum jemand direkt hungern, aber die Geschäfte wirken meist recht leer, und dieses und jenes, was uns selbstverständlich ist, kann man dort nur zufällig einmal ergattern.

Es ist unmöglich, all die vielen Eindrücke wiederzugeben. Dies aber ist gewiß: Wir sind überaus bereichert und beglückt nach Hause zurückgekehrt, denn wir sind Christen begegnet, die ihren Glauben ernst nehmen und alles andere hintanstellen, ja alles für ihn daranzugeben bereit sind – in Gefängnis und Lager haben sie es unter Beweis gestellt. Und siehe da: Es waren die freiesten, die aufrechtesten, die frohesten, die zuversichtlichsten Menschen, die uns jemals begegnet sind.

Ich will nur noch sagen – eine Selbstverständlichkeit! –, daß wir oft bei der «Mutter der Barmherzigkeit» im «Tor der Morgenröte» einkehrten. Besonders dicht war die Atmosphäre, als wir kurz vor unserer Abreise zusammen mit unseren Freunden dort den Rosenkranz beteten. Auch die anderen Gläubigen, die ja immer hier anzutreffen sind (der Gottesdienstbesuch ist überhaupt – auch werktags – erstaunlich hoch), schlossen sich uns an. Ich selber kann nicht sagen, ob mich mehr meine überströmende Dankbarkeit oder die flehentliche Fürbitte für unsere Mitchristen in Litauen in jenen kostbaren Minuten bestimmten. Auf jeden Fall hatte ich auch Sie alle bei mir und danke Ihnen an dieser Stelle herzlich für Ihr begleitendes Gebet, dessen Wirkung wir auf Schritt und Tritt erfahren durften.

Am Samstag, dem 27. August, sammelte sich die Reisegruppe zur Abfahrt. Wiederum mit Blumen fanden sich unsere Freunde ein, um uns am Bahnhof zu verabschieden. Mit Wehmut, aber doch auch mit der Hoffnung, daß wir uns noch einmal wiedersehen, winkten wir, bis wir uns aus den Augen verloren. Am 29. August trafen wir wieder zu Hause ein.

Täglich knien Beter vor dem Gnadenbild im Heiligtum «Tor der Morgenröte».

Litauen – Land der Kreuze

Von Dr. Rudolf Grulich

Das katholische Litauen wird oft wegen der im ganzen Land anzutreffenden Hügel voller Kreuze als das Land der Kreuze bezeichnet. Die Kirche geht dort seit über vier Jahrzehnten einen schmerzlichen Kreuzweg. Bischöfe, Priester und Gläubige stehen unerschütterlich zusammen und tragen das Kreuz gemeinsam. Litauen ist stolz auf seine Kirche, zu der es sich standhaft bekannte, obgleich das Christentum erst spät nach Litauen gekommen ist, und die Litauer als letztes Volk in Europa christianisiert wurden.

Die Christianisierung 1387

Im Vergleich zu anderen Völkern Osteuropas ist die Kirche in Litauen noch jung.

Die Kroaten konnten bereits 1941 die 1300-Jahrfeier der Einführung des Christentums begehen und die Tschechen und Slowaken 1963 die 1100jährige Wiederkehr der Ankunft der Slawenapostel Cyrill und Method im Großmährischen Reich. Die Tausendjahrfeier ihrer Christianisierung konnten die Polen 1966 begehen; Ukrainer, Weißrussen und Russen begehen sie 1988. Letten und Esten gedachten 1986 dessen, daß vor 800 Jahren der Augustinermönch Meinhard von Segeberg vom Bremer Erzbischof Hartwig II. zum ersten Apostel der Liven geweiht worden war. Doch auch vor der Einführung der christlichen Religion als Staatsreligion gab es in Litauen bereits christliche Einflüsse. Schon 1253 hatte sich der Großfürst Mindaugas, den die Chroniken des Deutschen Ritterordens Mindowe nennen, taufen lassen. In den Quedlinburger Annalen wird für das Jahr 1008 «Litua» erstmals erwähnt und von dem Märtyrertod des Bischofs Brun von Querfurt bei den baltischen Pruzzen berichtet. Die vor 1116

124

in Kiew entstandene Nestor-Chronik nennt schon die beiden Hauptstämme der Hoch- und Niederlitauer.

«Ende des 12. Jahrhunderts waren die Litauer der Schrecken aller ihrer Nachbarn. Zeitweilig übte bereits ein Litauer die Herrschaft im altrussischen Fürstentum Polozk an der mittleren Düna aus. Anfang des 13. Jahrhunderts stellten die Litauer einen wichtigen politischen Faktor dar, mit dem alle Nachbarn, insbesondere auch die seit Ende des 12. Jahrhunderts an der Dünamündung missionierenden Deutschen, rechnen mußten. Eheverbindungen zwischen altrussischen Fürsten und Litauern sind schon für diese Zeit nachweisbar. Daraus kann geschlossen werden, daß es damals bereits eine herausgehobene Schicht von kleineren und größeren Herren gab, deren Macht mitunter eine beträchtliche gewesen sein muß» (Manfred Hellmann).

Es war Fürst Mindaugas, dem es gelang, diese litauischen Herrschaften und Fürstentümer zu vereinen. 1248 konnte Bischof Nikolaus von Riga den niederlitauischen Fürsten Tautwila taufen, und 1251 erklärte sich Mindaugas gegenüber dem Ordensmeister bereit, die Taufe anzunehmen. Da der Vormarsch der Tataren erst 1241 zum Stehen gebracht werden konnte, sah Papst Innozenz IV. die Möglichkeit, in den Litauern Verbündete im Osten zu gewinnen, und verlieh Mindaugas den Königstitel. Der livländische Ordensmeister brachte zur Krönung, die Bischof Heidenreich von Kulm im Auftrag des Papstes vornahm, «zwei gar kunstreiche Kronen» für seinen «Freund Mindowe» und dessen Frau Martha mit (so die Livländische Reimchronik). Es wurde ein erstes Bistum für Litauen errichtet, dessen Leiter, der Deutschordenspriester Christian, direkt der Kurie unterstand. Doch schon am 5. August 1263 wurde Mindaugas ermordet, und damit fanden dieses erste christliche litauische Königreich und sein Bistum ein Ende.

In ihrem Hirtenbrief vom 16. Januar 1985 stellten dazu die litauischen Bischöfe fest:

«Die Geschichte des Staates Litauen hätte sich ganz anders entwickelt, wenn der gekrönte Herrscher nicht ermordet worden wäre. Wenn die Nachfolger von Mindaugas ihm gefolgt wären und das Christentum öffentlich unterstützt hätten, wäre ihnen die Königskrone für alle Zeiten erhalten geblieben. In diesem Falle wären die Kreuzzüge gegen Litauen beendet gewesen. Die Beziehungen zum Deutschen Orden und später zu den benachbarten Polen hätten sich ganz anders gestaltet, und die Früchte der christlichen Kultur wären Litauen wesentlich früher zuteil geworden.»

Die sowjetische Zensur strich diese Passage aus dem Schreiben der Bischöfe.

In der Folgezeit finden wir einen Großfürsten, der griechisch-orthodox war – den Sohn des Mindaugas, Vaisilkas (polnisch Woischelg) –, und im 14. Jahrhundert, als Algirdas (Olgerd) verschiedene altrussische Fürstentümer unterwarf und mehr als die Hälfte des ehemaligen Reiches Kiew (einschließlich der Stadt Kiew) beherrschte, gab es auch einen Metropoliten des byzantinischen Ritus für diese Gebiete seines Reiches. Ein Chronist des Deutschen Ordens schreibt Algirdas den Ausspruch zu, ganz Rußland müsse zu Litauen gehören: Omnis Russia ad Lettwinos deberet simpliciter pertinere. Die eigentlichen Litauer aber blieben Heiden, auch wenn es Ehen des Adels mit Ostslawinnen gab, die orthodox waren. Großfürst Gediminas hatte Litauen zur Großmacht erhoben, was es auch unter den Nachfolgern blieb. Als Algirdas 1377 starb, sollte Jogaila (poln. Jagiello) als Großfürst in Vilnius residieren und die anderen Söhne die verschiedenen Teilfürstentümer regieren. Doch gab es zunächst Zwistigkeiten und Aufruhr, den auch der Deutsche Orden schürte, wobei aber aus den Unruhen Jogaila als Alleinherrscher hervorging.

Im benachbarten Polen war König Ludwig von Ungarn, der auch die polnische Krone trug, 1382 gestorben. Er hinterließ zwei Töchter, von denen Maria im Oktober 1382 in Ofen zur Königin von Ungarn gekrönt wurde, aber beim polnischen Adel keine Anerkennung fand. Dieser ließ die jüngere, erst 1373 geborene Tochter Ludwigs, Hedwig, 1384 in Krakau zur Königin von Polen krönen. Sie war zwar mit Herzog Wilhelm von Österreich verlobt, doch ihre Mutter Elisabeth wandte sich an Jogaila. Trotz Hedwigs anfänglichem Widerstand kam es am 14. August 1385 zum Vertrag von Krewa, in dem Jogaila versprach, Hedwig zu heiraten und sein Land Polen anzugliedern, dessen König er werden sollte, wenn er sich taufen ließ. Dies geschah am 15. Februar 1386, und am 4. März wurde er gekrönt.

«Jogaila kam Anfang des Jahres 1387 mit einer Schar von Geistlichen und Adligen nach Litauen und begann, in Vilnius und anderen wichtigen Orten Litauens gemeinsam die Christianisierung Litauens vorzubereiten und Kirchen zu bauen. Wegen des Mangels an litauisch sprechenden Priestern – so berichtet man – habe er selber die Glaubenswahrheiten erklärt und das Glaubensbekenntnis und das Vater Unser in die litauische Sprache übersetzt», schreiben dazu die litauischen Bischöfe 1985 in ihrem Hirtenbrief.

Die mit der Christianisierung verbundene Union Litauens mit Polen nennt Gotthold Rhode «eines der wichtigsten Ereignisse nicht nur der polnischen, sondern der ganzen osteuropäischen Geschichte. Durch sie stieg der Mittelstaat Polen zur osteuropäischen Großmacht auf, erwarb ein weites Feld politischer und kultureller Expansion und erhielt den Charakter eines übernationalen Reiches, an das sich alsbald auch andere Länder in verschiedener Form anschlossen. Sie stellte den polnischen Adel vor eine schwierige Führungsaufgabe gegenüber den Litauern und den orthodoxen Ostslawen, die ganz zu lösen ihm bei den letzteren nicht gelang, bei deren Lösung er aber große politische Fähigkeiten zeigte. Er erbte allerdings auch das Hauptproblem des Großfürstentums Litauen: Die Auseinandersetzung mit dem Großfürstentum Moskau um das gewaltige Erbe des Kiewer Reiches.» Aus dieser Auseinandersetzung gingen die Russen als Sieger hervor.

In der Reformation blieb Litauen katholisch, während das heutige Lettland und Estland damals protestantisch wurden. Bei der dritten polnischen Teilung kam Litauen unter russische Herrschaft und erlebte vor allem in der zweiten Hälfte des 19. Jahrhunderts harte Unterdrückung von Kirche und Volkstum. Damals entstand die feste Allianz von Kirche und Volk, die ein bis auf den heutigen Tag andauerndes litauisch-katholisches Bewußtsein geschaffen hat.

Im Februar 1918 erklärte ein Landesrat die Unabhängigkeit Litauens, die aber schon 1920 eine Einschränkung erfuhr, als Litauen Vilnius an Polen verlor. Durch die Schwierigkeiten mit Polen kam es auch zu Spannungen mit dem Vatikan, doch die Kirche konnte ihre Diözesen neu ordnen und ein blühendes Leben entfalten, das erstmals 1940 und erneut 1944 durch die sowjetische Okkupation gestört wurde.

Verluste nach 1944

1940 waren 85 % der Bevölkerung katholisch. Es gab 37 Männerklöster mit 643 Patres und Brüdern, 85 Frauenklöster mit 1 000 Schwestern, 71 katholische Schulen und Kindergärten, 20 Waisenhäuser, 2 Krankenhäuser, 25 Altenheime, 32 katholische Zeitschriften und 7 Verlage. Alles wurde beschlagnahmt, die Orden verboten.

Es gibt für das katholische Volk der Litauer heute keine offizielle kirchliche Presse. In keiner einzigen Buchhandlung ist religiöse Literatur zu haben. Bei Hausdurchsuchungen wird häufig nach religiöser Literatur gefahndet. Auf geheime Herstellung von Gebetbüchern und Katechismen steht Haftstrafe. Der Verkauf von Devotionalien ist selbst auf Kirchengelände verboten.

Im Jahre 1940 hatte das katholische Litauen 1452 Diözesan- und Ordenspriester. Im Jahre 1944 flohen 257 Priester in den Westen,

Der Kardinal von Litauen, Vincentas Sladkevicius, im Garten vor seinem bescheidenen Holzhäuschen. Die litauische Regierung hatte ihm die Genehmigung zur Amtsausübung zwischen 1957 und 1982 verweigert. Welch eine bedeutende Rolle er trotzdem spielte, zeigte im April 1988 seine Wahl zum Vorsitzenden der Litauischen Bischofskonferenz.

1946 übersiedelten 176 nach Polen. Zwischen 1946–1947 wurden 330 Priester nach Sibirien verschleppt. Davon kehrten 1956 nur noch 120 Priester zurück.

Im Jahre 1960 gab es in Litauen 929 Priester, 1987 nur mehr etwa 600, d.h. die Zahl ist gegenüber der Vorkriegszeit auf weniger als die Hälfte gesunken.

1940 gab es vier Priesterseminare, ein fünftes war im Bau. Heute gibt es nur ein einziges in Kaunas, wo das KGB die Seminaristen beschattet und über die Zulassung entscheidet.

Auch nach der Entstalinisierung dauerte während der Regierungszeit von Nikita Chruschtschow der kommunistische Terror an. Elf Priester kamen damals in den GULAG, nachdem es unter Stalin Dutzende waren und auch ein Bischof 1947 erschossen worden war. Die Bischöfe Vincentas Sladkevicius (im Jahre 1959) und Julijonas Steponavicius (im Jahre 1961) wurden verbannt.

Die Diözesanverwalter sind in ihrer Arbeit – trotz Trennung von Kirche und Staat – fast völlig von den staatlichen Behörden abhängig: u.a. dürfen sie ohne staatliche Erlaubnis keine Firmung spenden. Die Priester sind nur «Kult»-Priester; es ist ihnen jeglicher Religionsunterricht, auch anläßlich privater Besuche bei Pfarrangehörigen, untersagt, da die sowjetische Verfassung Religionsunterricht vor dem 18. Lebensjahr verbietet.

Kinder und Jugendliche unter 18 Jahren dürfen nicht ministrieren, sie dürfen auch nicht im Kirchenchor mitwirken oder Orgel spielen. Gläubige Schüler sind in der Schule ständigen Diskriminierungen ausgesetzt; sehr oft droht auch Sperre des Hochschulstudiums. Seit 1945 mußten 2 000 litauische gläubige Lehrer ihren Posten aufgeben.

Für kirchliche Bauten – sie wurden alle vom Staat enteignet! – muß jährlich 1 % vom Wert des Bauwerkes als Miete bezahlt werden; elektrischer Strom ist sechsmal teurer als für Privathäuser, die Versicherungsprämie ist dreimal höher als für andere Gebäude.[9]

Seit der sowjetischen Okkupation wurden in Litauen 484 katholische Kirchen und Kapellen zweckentfremdet und profaniert,

130

davon 23 in Wilna und 22 in Kaunas. Der Dom von Wilna ist heute eine Gemäldegalerie, die Casimir-Kirche ein atheistisches Museum.

Im Jahr 1961 wurde auch die von den Gläubigen neu erstellte Kirche «Maria, Königin des Friedens» in Memel geschlossen, und ihre Erbauer wurden verhaftet.

Wiedererstarken der Kirchen

Trotz dieser Probleme kam es in den 60er Jahren zu einem Wiedererstarken der Kirche. Die Priester faßten trotz aller Schikanen langsam Mut und fingen da und dort an, die Kinder in Gruppen im Katechismus zu unterweisen. In den Predigten ertönte immer häufiger ein mutiges Wort, das dazu aufrief, aus dem Schlaf, aus der Angst und der Erstarrung zu erwachen. Die Bemühungen des Bevollmächtigten des Rates für religiöse Angelegenheiten, der versuchte, die Priester zu terrorisieren, blieben immer häufiger erfolglos.

Das Jahr 1968 wurde für die katholische Kirche Litauens ein bedeutungsvolles Jahr. Damals berieten verschiedene aktive Priester, auf welche Art man gegen die Willkür der staatlichen Gottlosen kämpfen sollte. Man beschloß, einzeln und gemeinsam anzufangen, ein Minimum an Religionsfreiheit zu fordern. Im August 1968 sandten zwei Priester des Bistums von Telsiai, Vladas Slevas und Alfonsas Pridotkas, eine Erklärung an den Ministerrat der UdSSR, in welcher sie einige Fälle von Diskriminierung der Kirche darstellten: das Fehlen von Gebetbüchern, die Einschränkungen für das Priesterseminar und andere. Beide Priester wurden von den Regierungsbeamten gerügt und in andere Pfarreien versetzt.

Zur gleichen Zeit wurde auch im Bistum Vilkaviskis ein gemeinsames Memorandum über die tragische Situation des Seminars von Kaunas vorbereitet. Diese Erklärung vom 31. Dezember 1968 unterschrieben bereits 63 Priester des Bistums Vilkaviskis.

Am 8. Januar 1969 schickten weitere Priester von Vilkaviskis gemeinsam ein Schreiben an den Ministerrat der UdSSR, in dem sie ebenfalls gegen die Beeinträchtigung des Priesterseminars von Kaunas protestierten. Partei und Regierung, die seit langem keine solche «Unverschämtheit» von Priestern mehr erlebt hatten, schickten Sicherheitspolizei aus, um die «Verbrecher» zu entlarven. Nach Verhören und Einschüchterungsversuchen wurden den Priestern Juozas Zdebskis und Sigitas Tamkevicius auf unbeschränkte Zeit verboten, als Priester tätig zu sein … Sie wurden zur Zwangsarbeit bei Entwässerungsprojekten verurteilt.

Die Repressalien der Regierung gegen die Priester vermochten aber der religiösen Bewegung nicht Einhalt zu tun, sondern halfen ihr sogar zu erstarken.

Auch im Jahre 1969 griffen Priester der Bistümer Telsiai, Vilnius und Panevezys in Predigten und Memoranden weiterhin die Praxis der sowjetischen Behörden an und verlangten Freiheit für die Kirche.

Zur gleichen Zeit organisierte sich die katholische Jugend im geheimen und hielt geschlossene Einkehrtage, um ihren Glauben zu vertiefen. Die in den Untergrund gedrängten geheimen Frauenklöster erholten sich langsam und begannen, sich aktiver zu betätigen. Im Jahre 1969 entstand auch die Bewegung der «Freunde der Eucharistie», die bei der Erstarkung der katholischen Kirche Litauens eine sehr wichtige Rolle spielt.

Im Jahr 1970 wurden nacheinander die drei Kirchen in Sangruda, Gaure und Batakai niedergebrannt. Niemand zweifelte daran, daß dieser Racheakt des KGB zeigen sollte, daß der Kampf für die Rechte der Kirche sinnlos sei.

Im Jahr 1971 wurde der Priester Juozas Zdebskis nach einer Hausdurchsuchung verhaftet und am 12. November 1971 wegen

Hauptaltar der Kathedrale in Kaisiadorys, der Bischofsstadt des Kardinals.

religiöser Unterweisung von Kindern verurteilt. Am gleichen Tag und für das gleiche Vergehen wurde auch der Priester Prosperas Bubnys verurteilt.

Die Gläubigen begannen nun, in ganz Litauen Unterschriften für das Memorandum zu sammeln, das die Weltöffentlichkeit später «Das Memorandum der 17 000 Gläubigen» nennen wird.

1972 erschien dann im Untergrund die erste Ausgabe einer religiösen Samisdat-Zeitschrift, die sich seitdem «Chronik der Litauischen katholischen Kirche» nennt. Trotz aller Versuche des KGB, ihr Erscheinen zu verhindern, sind bisher mehr als 100 Ausgaben erschienen. Viele Gläubige wurden wegen der Verbreitung der «Chronik» verurteilt, darunter auch Nijole Sadunaite.

Im Jahr 1972 begann sich in Litauen ein geheimes Priesterseminar zu organisieren, das als Reaktion auf die Einmischung des KGB im interdiözesanen Priesterseminar entstand. Unter der Geistlichkeit reifte der Gedanke, man dürfe nicht tolerieren, daß die vom KGB zurückgewiesenen jungen Männer ihr Studium nicht fortsetzen und die Weihen nicht empfangen können. Bis heute besteht dieses «unsichtbare» Priesterseminar weiter. Es hat sich den Bedingungen der Verfolgung angepaßt und macht der Sowjetregierung wegen seiner Erfolge ernsthafte Sorgen. Die Gründung dieses Seminars war sicher einer der positivsten Schritte im Nachkriegsleben der Katholischen Kirche Litauens. Ihre Initiatoren waren junge Männer, die vom KGB trotz mehrfacher Gesuche nicht zum Seminar zugelassen worden waren.

Bewundernswert haben sich in dieser Zeit auch die zahlreichen geheimen Ordensfrauen betätigt. Manche beteiligten sich aktiv am Kampf für die Freiheit der katholischen Kirche Litauens, andere unterrichteten im geheimen die Kinder, scharten die Jugend in Gruppen um sich oder unterstützten die Aktiven mit Gebet und Opfer. Nicht ohne Grund wurde das KGB immer mehr in Unruhe versetzt: Es begann, die geheimen Frauenklöster zu verfolgen, in ihnen zu spionieren, und es versuchte (erfolglos), in den Klöstern Agenten für sich zu gewinnen.

Seit dem 1. August 1975 hat die Schlußakte der KSZE von Helsinki der kämpfenden katholischen Kirche Litauens eine festere Grundlage gegeben. Unter Berufung auf diese Schlußakte war es möglich geworden, die elementaren Menschenrechte und Humanität als etwas zu verlangen, was auch von Moskau vor der ganzen Welt versprochen worden war.

Im Jahre 1979 solidarisierten sich 522 Priester und zwei verbannte Bischöfe mit dem Dokument Nr. 5 des katholischen «Komitees für die Verteidigung der Rechte der Gläubigen» und sprachen sich gegen die «Bestimmungen für die religiösen Vereinigungen» aus. Dieser Massenprotest der Priester zeigte deutlich, daß die Geistlichkeit Litauens, abgesehen von einem ganz kleinen Teil, der mit dem KGB kollaboriert, nicht gebrochen werden konnte. Dies gelang dem KGB auch nicht, als es zu härteren Maßnahmen griff und Priester verhaftete oder durch «Autounfälle» tötete, Pfarrhäuser überfiel und Priester mißhandelte. Die Solidarität der Gläubigen wurde immer größer: Als die Priester Alfonsas Svarinskas und Sigitas Tamkevicius verhaftet wurden, protestierten 150 000 Gläubige mit ihrer Unterschrift unter Freilassungspetitionen an die Behörden.

In Memel forderten schon 1979 etwa 150 000 Menschen die Rückgabe der Kirche «Maria Königin des Friedens». 1987 unterzeichneten 76 000 Katholiken eine Petition an die Behörden, als man die Schließung der Christkönigs-Kirche in Vilnius befürchtete. Hätten sich die Prozesse gegen die verhafteten Priester irgendwo anders als in Vilnius abgespielt, so hätte sicher die ganze Weltöffentlichkeit gegen die Räubermanier dieser Prozesse und die Übergriffe gegen Gläubige, die zum Gerichtssaal kommen wollten, protestiert.

Als 1986 der Priester Juozas Zdebskis (einer der Gründer des Komitees zur Verteidigung der Rechte der Gläubigen 1978) bei einem «Autounfall» starb, wurde sein Begräbnis zu einer Glaubensdemonstration. Das litauische staatliche Fernsehen brachte damals für die einheimischen Zuschauer eine andere Version des Unfalls, als dies die TASS für das Ausland tat. Über den «Milchwagen», mit dem das Auto des Pfarrers zusammenstieß, und dessen Fahrer wurden keine Angaben gemacht. Daher schrieb am 23. April 1986 die Untergrundzeitschrift «Chronik der Litauischen Katholischen Kirche» in ihrer Nummer 70:

«Das absichtliche Manöver, den Priester B. Laurinavicius unter die Räder eines Lastautos zu stoßen, die sadistische Ermordung der Priester L. Sapoka und Mazeika, die Liquidierung der litauischen Helsinkigruppe, die Anstrengungen, um jeden Preis das Komitee der Katholiken zur Verteidigung der Rechte der Gläubigen zu vernichten, die andauernden Ausschreitungen des Staatssicherheitsdienstes gegen den Priester J. Zdebskis, erlauben die Mutmaßung, daß dieser Autounfall kein Zufall, sondern ein sorgfältig vorbereiteter und ausgeführter Gewaltakt war, umsomehr deswegen, weil auch immer wieder verhindert wurde, die Leiche und die persönlichen Sachen des Priesters J. Zdebskis zurückzubekommen. Das Auto des Priesters J. Zdebskis wurde nach dem Unfall zur Verkehrspolizei von Salcinainkai gebracht und dort durchsucht. An dem Tag, an dem er ums Leben kam, war der Telefonanschluß des Pfarrhauses von Rudamina gestört, und seine Angehörigen erfuhren erst einen Tag später von dem Autounfall. Die Sicherheitsbeamten beobachteten alle Vorgänge der Beerdigung aufs genaueste. Die Autos des Sicherheitsdienstes verfolgten aufdringlich jene Jugendlichen, die sich um die Beisetzung kümmerten.»

Zu der Beerdigung des Priesters kamen Gläubige aus ganz Litauen zusammen. Ein Vertreter der litauischen Jugend sprach spontan zu den versammelten Trauergästen:

«Ich möchte im Namen der Jugend einige Worte sprechen. Niemand braucht sich bei uns zu bedanken, daß wir hier zusammengekommen sind. Es ist für uns eine Selbstverständlichkeit. Der Priester Zdebskis hat uns alle, die wir uns hier eingefunden haben, schon von der Volksschule an erzogen. Er hat uns gelehrt, uns ungetrübt und christlich zu freuen, und er brachte uns litauische Lieder bei. Er war bei unseren Feierstunden und bei unseren Lieder- und Tanzabenden zugegen. Er ist uns aber auch in unserem Leid beigestanden, wenn wir um Christi oder unserer litauischen Heimat willen zu Verhören vorgeladen wurden.»

Der Jugendliche zitierte am Grabe aus einem im Exil erschienenen Buch des litauischen Dichters Kazys Bradunas «Nachschriften zur Chronik der Litauischen Katholischen Kirche». Dort schreibt der Verfasser im Gedenken an den ermordeten Priester Bronius Laurinavicius und im Gedenken an andere Märtyrer des litauischen Volkes:

«Du, der du unter ein Auto gestoßen wurdest;
Du, der du in der Dunkelheit der Nacht erschlagen wurdest;
Du, der du in der Taiga verschollen bist, aber unbesiegt bleibst:
bitte für uns.»

Über die Brutalität der Überfälle auf Pfarrhäuser lesen wir in der «Chronik» Nr. 72:

In der Nacht zum 17. Oktober 1986 wurde der Pfarrer von Pusalotas, Albinas Pipiras (61 Jahre alt), überfallen und schwer verletzt. Schon vorher war A. Pipiras per Telefon von unbekannten Übeltätern schikaniert worden. Im August schlugen drei Männer und eine Frau am hellichten Tag das Fenster ein und stiegen in das Pfarrhaus ein. Einer der Männer hatte einen Revolver bei sich. Erst als sie im Nebenzimmer mehrere Menschen bemerkten, flohen die Eindringlinge. Über den Vorfall wurde die Bezirksmiliz von Pasvalys informiert, die aber nicht darauf reagierte. Etwa eine Woche vor dem Überfall vom 17. Oktober wurde der Hund vergiftet, der das Pfarrhaus bewachte.

In der Nacht zum 17. Oktober übernachteten vier Personen im Pfarrhaus: der Pfarrer, sein 10jähriges Patenkind, die 80jährige Tante des Pfarrers und der Sakristan Rimutis Kudarauskas. Der Verbrecher brach ein Fenster der Straßenseite auf und drang in das Zimmer ein, in dem der minderjährige Verwandte des Pfarrers schlief. Nachdem er dem Jungen befohlen hatte, die Decke über den Kopf zu ziehen und ruhig liegen zu bleiben, brach er in das nächste Zimmer ein, in dem R. Kudarauskas schlief. Kudarauskas wurde bis zur Bewußtlosigkeit zusammengeschlagen. Später fand man in dem Zimmer eine Blutlache.

Als der Priester A. Pipiras im benachbarten Zimmer den Lärm hörte, schaltete er das Licht an und sah einen Mann mit einer Maske vor sich, der in einer Hand ein Messer, in der anderen ein kleines Beil hielt. Der Priester A. Pipiras rieß dem Eindringling die Maske vom Gesicht. Der Räuber schlug den Priester mit einigen Beilschlägen auf den Kopf zu Boden und verletzte ihn schwer. Mit eingeschlagener Schädeldecke und mit ausgekugeltem rechten Arm wurde der Priester in den Keller hinuntergeworfen. Nachdem der Verbrecher 1500 Rubel gefunden hatte, befahl er dem aus der Bewußtlosigkeit erwachten Sakristan, er solle ihn mit dem Auto nach Memel fahren. Unterwegs hielt er das Messer und das Beil in der Hand, schlief aber im Auto ein, weil er zuviel getrunken hatte. So konnte Kudarauskas entkommen, und herbeigeholte Miliz nahm den Verbrecher fest, der ein Georgier war. Der schwer verletzte Pfarrer wurde am Kopf operiert und blieb am Leben ...

Die Miliz ging von einem «gewöhnlichen» Verbrecher und Dieb aus, der in eigenem Namen gehandelt habe. Die Zeugen im Pfarrhaus hatten aber mehrere Menschen gesehen und gehört, darunter auch drei rauchende Männer, die unter dem Fenster warteten.

Ein Lächeln aus dem GULAG

Während sich der Westen um inhaftierte Terroristen kümmert, ist es still um Gefangene wie die Priester Alfonsas Svarinskas und Sigitas Tamkevicius, die verurteilt wurden, nur weil sie ihre Pflicht als Priester ausübten. Ihre Briefe aus dem Gefängnis und dem Lager sind vom Geist christlicher Liebe geprägt, von Versöhnung und Opferbereitschaft.

Aus dem Gefängnis in Vilnius schrieb P. Svarinskas:

«Lieben heißt opfern,
Lieben heißt, den schweren Teil der Last abnehmen,

Lieben heißt, das Licht tragen und den Weg beleuchten,
Lieben heißt glauben (K. Inciura).
Im Februar habe ich ein kurzes Brieflein geschrieben, ich glaube aber nicht, daß Sie es bekommen haben.
Entweder in dieser oder in der nächsten Woche werde ich die Hauptstadt Vilnius und Litauen für lange, lange Zeit oder vielleicht auch für immer verlassen. Der Herr allein weiß es! In dieser Hinsicht aber wiederhole ich immer wieder mit Hiob in der Bibel: ‹Der Herr hat es gegeben, der Herr hat es genommen ... Sein heiliger Wille geschehe!›
Aus dem Lager werde ich zwar zweimal im Monat schreiben dürfen. So werde ich einmal an Sie und einmal an meinen Bruder und meine Schwester schreiben. Ich kann mich über nichts beklagen. Ach doch! Die Lippe ist noch nicht verheilt, und meine Zahnprothese ist zerbrochen. Ich hoffe, daß ich im Lager eine qualifizierte Hilfe bekommen werde.
Ich habe genug zu essen. Ich danke Ihnen und allen anderen für das Geld und für die Nahrungsmittelsendungen.
Eine kleine Reserve an Lebensmitteln habe ich als Reiseproviant schon dabei. Wenn die Diebe sie mir nicht wegnehmen, werde ich für unterwegs etwas haben. Schade ist, daß alles so leicht verdirbt und schimmelig wird, weil es warm ist. Aber das ist keine Katastrophe. Pakete werde ich erst im August 1986 bekommen dürfen – fünf kg in vier Monaten.
In meinen Gebeten sage ich täglich zu Gott, dem Herrn: ‹Nicht mein, sondern Dein heiliger Wille geschehe!›
Gottes Gnade möge all Eure Schritte begleiten!
Gefangener in Christo
Priester Alfonsas.»
In einem Brief vom 7. Juni 1983 schreibt er aus dem Lager:
«In Vilnius war meine Gesundheit und Stimmung gut. Ich bete viel. Jetzt werde ich die Möglichkeit haben, für alle meine Verfehlungen in der Freiheit Abbitte zu leisten. Vormittags betete ich einen lebendigen Rosenkranz[10] für die Priester (nach Meinung Niederlitauens), fünf Gesetze für die Vertreter der Regie-

rung, denen ich begegnen muß; die Lauretanische Litanei für jene, die sich im Gefängnis des Sicherheitsdienstes befinden; den ersten Teil des Rosenkranzes für die leidende Kirche, den zweiten Teil für die leidende Kirche in Litauen und den dritten Teil für das Vaterland.

Nachmittags betete ich den ersten Teil des Rosenkranzes für meinen Prozeß (und nach dem Prozeß, daß der Herr mir eine glückliche Ewigkeit schenken und mich wie den Verbrecher zu seiner Rechten ansehen möge), den zweiten Teil für die Streiter für Kirche und Vaterland, den dritten Teil für die Pfarrei Vidukle und die anderen Pfarreien, in denen ich gearbeitet habe; für die Seminaristen dieser Pfarreien, für die Brüder und Schwestern, für die Familien, für Kardinal Slipyj und für alle, die zu meinem Prozeß gekommen sind (und sogar dafür gelitten haben), die mich verteidigten, daß Gott ihnen vergelten möge. Am Abend betete ich einen Teil für die Eltern, für die Verstorbenen der Familie und der Verwandtschaft. Zur Fastenzeit ging ich jeden Tag die Kreuzwegstationen, jetzt aber nur noch am Freitag. Ich danke also Gott, daß ich beten darf. Besonders gut tut mir der Kreuzweg, wo man das eigene kleine Opfer, wie der hl. Paulus sagt, mit dem Erlösungsopfer Christi vereinen kann.»

In einem Brief des Priesters Sigitas Tamkevicius vom 25.9.1984 lesen wir:

«… Danke für Ihre Grüße, guten Wünsche und Gebete! Ich danke allen, die mir gratulieren und für mich beten. Wie unschätzbar kostbar ist diese unsichtbare, aber sehr wertvolle Unterstützung, für die Entfernungen und Schranken keine Hindernisse sind. Der Monat September bringt mir sehr kostbare Augenblicke in Erinnerung, als wir Maria von Siluva besuchten. Wie lieblich waren diese Reisen! Wie schön war es, einen halben Tag in Siluva zu verbringen! Wir kehrten zwar müde zurück, aber reicher im Geiste,

Der Priester Sigitas Tamkevicius im Lager. Zur Zeit der Drucklegung dieses Buches kam die Nachricht, daß er aus der Haft entlassen werde.

36 310 н/о Вологино
Готская обл. Кривошеин...

denn wir haben jene Atmosphäre eingeatmet, die uns emporhebt und uns zu den Menschen macht, die wir sein sollen, nämlich dem Herzen Jesu ähnlich. Schon das zweite Jahr besuche ich Maria von Siluva nur in Gedanken und mit dem Herzen. Ich lege ihr dieselben Sorgen und Freuden zu Füßen wie einst. Und genauso wie früher fühle ich ihre segnende Hand ... Der Herr Jesus Christus, der mich fortwährend stärkt, möge auch Ihre stärkste Stütze sein. Mit ihm kann man beruhigt durch das Leben gehen und fühlen, daß der sterbliche Mensch in uns von Tag zu Tag abnimmt und daß wir uns dem Ziel unserer Reise, der Ewigkeit, nähern.

Glasnost auch für die Katholiken in Litauen?

Von «Glasnost» und «Perestroika» ist in Litauen bisher nichts Positives zu spüren. Auf Fragen über die neue Politik des Generalsekretärs Michail Gorbatschow antworten 1987 litauische Priester: «Für uns ist es noch nicht schlimmer geworden!» Das könnte aber in der Praxis bald geschehen, wenn Moskaus Taktik der Falschinformation weiterhin Erfolg hat und uns einnebelt. Mit Befremden registrieren die Redakteure der «Chronik» die Auftritte ausgewählter litauischer Priester im Ausland, vor allem in Österreich, die im Auftrag der Regierung die Lage beschönigen. In Litauen gilt immer noch, was die übrigen Priester, die nicht ins Ausland fahren dürfen, in ihren Bittbriefen zum Jubiläumsjahr 1987 von ihren Bischöfen erbaten:
1. Die Bischöfe sollen sich mehr um das Priesterseminar in Kaunas kümmern. Sie werden gebeten, dafür Sorge zu tragen, daß nur geeignete Kandidaten aufgenommen werden und nur geeignete Dozenten lehren.
2. Sie verlangen, man solle die Instruktion «Quidam episcopi» vom 8. März 1984 der Kleruskongregation befolgen, worin politische Aktivitäten der Priester verboten werden.
3. Man solle die Regierung der Sowjetunion bitten, dem verbannten Apostolischen Administrator der Erzdiözese Wilna, Julijo-

nas Steponavicius, wieder Verwaltung und Leitung seiner Diözese zu gestatten.

4. Man solle von Moskau verlangen, den Religionsunterricht zu erlauben, der bis zum 18. Lebensjahr verboten ist.

5. Die Einstellung der Diskriminierung und Terrorisierung gläubiger Bürger, insbesondere der jungen Generation, zu fordern.

6. Die Rückgabe beschlagnahmter Kirchen und den Neubau von Gotteshäusern zu verlangen.

7. Die Freilassung der verhafteten Priester Svarinskas, Tamkevicius und Matulionis sowie gläubiger Laien zu erwirken.

8. Für die Gläubigen die gleiche Meinungs-, Rede- und Überzeugungsfreiheit zu fordern, wie sie die Atheisten genießen.

9. Sich gegen die Mitsprache der Regierung bei der Auswahl der Kandidaten für das Priesterseminar in Kaunas zu wenden und

10. Die Einmischung der Regierung bei der Ernennung von Geistlichen oder der Besetzung kirchlicher Ämter nicht hinzunehmen.

Wie berechtigt alle diese bei weitem nicht vollständigen Forderungen sind, kann dank der zahlreichen Nachrichten und Samisdat-Publikationen aus Litauen detailliert belegt werden. Wahrscheinlich gibt es heute auf der Welt kein Land, wo die Bevölkerung so geschlossen für die Rechte der Kirche eintritt wie in Litauen. Die Zahl der Eingaben an die Regierung in Wilna und Moskau hinsichtlich der Rechte der Kirche ist Legion. Die Unterschriften unter die Petitionen um Rückgabe von konfiszierten Kirchen oder um Freilassung verhafteter und zu hohen Strafen verurteilter Priester gehen in die Zehntausende – und werden doch im Westen kaum zur Kenntnis genommen, geschweige denn unterstützt. Keine westliche Regierung dürfte sich solche Übergriffe und Schikanen, solchen Vandalismus gegen die Kirchen als Kulturgüter des Volkes, ja Morde an Priestern erlauben, wie das auch 1988 immer noch Moskau und seine Satrapen in Wilna tun. Litauen und das Baltikum brauchen unsere Solidarität! Wir treten heute in Europa für Terroristen in Chile ein, unterstützen die SWAPO, schwiegen aber, als litauische Priester wie Jonas Matulionis, ein schwerkranker Invalide, erneut ins Arbeitslager kam.

Was muß im Baltikum noch alles geschehen, ehe wir reagieren? Stellen Sie sich die genannten Proteste oder Petitionen mit 150000 Unterschriften in einem anderen Land vor! Wie würden die Medien darüber berichten!

Das Europäische Parlament hat in einer Entschließung von 1983 betont, daß die baltischen Staaten seit der sowjetischen Okkupation in kolonialer Abhängigkeit leben, und schlug vor, diese Frage dem Dekolonisationsausschuß der UNO zuzuleiten.

Das Europäische Parlament war der Auffassung, daß sich die Konferenzen, welche die Durchführung der Schlußakte von Helsinki überprüfen, mit dem schweren Los der Völker dieser Staaten beschäftigen sollten. Es verlieh der Hoffnung Ausdruck, daß die Außenminister sich nicht scheuen würden, für die Verwirklichung der Wünsche dieser Völker in bezug auf ihre Ausübung der Religion einzutreten. In der Begründung des Politischen Ausschusses heißt es, daß «im Zeitalter weltweiter Dekolonisierung die UdSSR die letzte große Kolonialmacht auf Erden» ist.

Mancher Mittel- und Westeuropäer ist bis heute versucht, die drei Länder des Baltikums als unbedeutend abzutun. Aber es sind keine Zwergstaaten wie Liechtenstein oder Andorra, sondern jeder Staat für sich genommen ist größer als europäische Länder wie Albanien, Belgien, Dänemark, die Niederlande oder die Schweiz, deren Eigenständigkeit niemand in Frage stellt; sie sind auch größer als die Staaten Israel, Haiti oder die Dominikanische Republik. Litauen und Lettland sind größer als Togo. Die Einwohnerzahl von Litauen ist so groß wie die Irlands und größer als die Nicaraguas, das heute in der Weltpresse Schlagzeilen macht, während man zur Lage im Baltikum meist schweigt ...

Der Priester Svarinskas schreibt aus dem Lager

Aus dem Brief vom 8. Juni 1983:

«(...) es wurde eine Anspielung gemacht, ich solle es nach dem Beispiel von D. Dudko machen, dieser Trost machte aber auf mich keinen Eindruck (...) Wir wollen füreinander beten, damit wir nicht unter dem Kreuz des Herrn zusammenbrechen.

Der Gefangene im Herrn Priester Alfonsas»

In einem Brief vom 18. März 1984 heißt es:

«Dieser Monat war gut: Ich habe einige Briefe bekommen.[11]
Von ganzem, ganzem Herzen danke ich allen für den Dienst des Mannes von Cyrene und bitte um Gnadenfülle für alle (...) Ich bedanke mich sehr für die hl. Messe im Januar.[12]
Gott allein ist unsere Hoffnung und unser Schutz. (...) Ich danke Bischof Julijonas und allen, die sich meiner erinnern und mich grüßen (...) Alles wäre noch zu ertragen; sehr schade aber ist, daß ich keine hl. Messe feiern, das Bußsakrament nicht in Anspruch nehmen und die hl. Kommunion nicht empfangen darf. Möge Gott auch dieses Opfer annehmen!
Ihr fragt mich nach meiner Gesundheit. Psychisch und seelisch fühle ich mich gut. Ich glaube an den Sieg des Guten. Man möchte aber so gern noch viel in der Heimat arbeiten. Das ist es, was mich quält. Physisch fühle ich mich nicht schlecht: Ich lebe und bin gesund. (...) Jeden Monat darf ich im Kaufhaus für 5 bis 6 Rubel etwas Margarine, billige Bonbons, Pflanzenfett und Zwiebeln für mich einkaufen. Es genügt. Zwei Zähne haben sie mir gezogen – Parodontose! Jeden Tag treibe ich Gymnastik (...), deswegen ist meine Gesundheit gut (...) Verzeihen Sie mir meine einfachen Gedanken; man möchte viel, viel sagen.»[13]

Aus einem Brief vom 20. Mai 1984:

«Ich bin guter Dinge. Alles, was geschieht, ist Gottes Wille! Gesundheitlich habe ich nicht zu klagen, nur werde ich ein wenig müde von der täglichen Arbeit. Deswegen ruhe ich mich am Sonntag etwas länger (zwei bis drei Stunden) aus, dann ist die folgende Woche wieder leichter. In meiner Freizeit lese ich die

Zeitschriften und Journale, die ich aus Litauen bekomme, vertiefe meine Kenntnisse der französischen Sprache. Die italienische Sprache habe ich schon gelernt, und jetzt schicke ich mich an, Spanisch zu lernen. Ich denke, daß man im Leben alles brauchen kann. Die Aussichten sind düster – die Welt hat Gott verloren und ist in Finsternis versunken (...) Man möchte viel, viel schreiben (...).

Vergangenen Sonntag habe ich an Sie einen Brief geschrieben. Heute will ich wieder einen schreiben, ihn küssen, bekreuzigen und absenden. Er soll fliegen in unsere liebe, unvergeßliche Heimat, in das Bernsteinland. (...) Ich danke allen herzlichst für ihre Briefe. Es ist Euch schwer vorstellbar, wieviel Freude und Hoffnung die kurzen Nachrichten bringen. Wie gut ist es, wenn man weiß, daß es Menschen in der Welt gibt, die einen lieben und nicht vergessen. (...) Die im April an Sie adressierten Briefe sind zurückgekommen mit dem Vermerk der Post vom 25. Mai: ‹Nach Ablauf der Lagerungszeit an Absender zurück.› Fragen Sie bei der Post, warum das geschehen ist (...), denn sonst leiden wir alle darunter – Sie bekommen keinen Brief, und ich verschwende die begrenzte Stückzahl der Briefe. Man darf ja sowieso nur zwei Briefe im Monat schreiben! Ich konnte selbstverständlich nichts Besonderes hineinschreiben: Ich wollte nur wünschen, die Exerzitien gut zu verbringen, mich bei Ihnen für das schöne Singen bedanken und Ihnen den Segen des auferstandenen Christus wünschen (...). Wie schnell vergeht die Zeit! Seit dem 11. Juni bin ich schon das zweite Jahr hier. Im Jahre 1979 (...) habe ich mein silbernes Jubiläum gefeiert; und dieses Jahr werden es am 3. Oktober schon 30 Jahre. Leider aber bin ich von der Heimat, der Kirche und von der eigenen Pfarrei weggerissen – ohne Bußsakrament, ohne Kommunion und ohne hl. Messe! Mit dem Glauben des gerechten Hiob wiederhole ich alle Tage: ‹Dein heiliger Wille geschehe! Amen!›

Freie Zeit habe ich wenig, ich arbeite neun Stunden. Nachher kommen alle lebensnotwendigen Dinge. In der übrigen Zeit lese ich und lerne Sprachen. Vielleicht werde ich diese brauchen können! (...) Gesund und voll Lebenskraft erfülle ich seinen Willen, deswegen gibt es keine Hoffnungslosigkeit und keine Trauer im Herzen. Und wenn Gott mir eine Märtyrerkrone aufsetzen wird, so werde ich sie mit Freuden annehmen. (...)»

Aus einem Brief vom November 1984:

«Ich arbeite beim Bau unter freiem Himmel. Es ist schwer! Ich bin doch schon 60 Jahre alt, die Arbeitsbrille + 5,5, und ich habe doch noch nie in meinem Leben ein Beil in der Hand gehabt. Man braucht überall nur Erfahrung und Übung. Mit Freuden nehme ich dieses neue Kreuz auf mich – es wird ein größeres Opfer für Gott sein. Sonst geht es mit meiner Gesundheit so ungefähr, nur das Herz mag keine schweren Sachen heben. Ermüdet es stark (das geschieht nicht jeden Tag), dann kann ich nachts nicht einschlafen. Das Bein macht keine Schwierigkeiten. Ich gehe viel spazieren und treibe Gymnastik. Mit den Zähnen habe ich kein großes Problem. Zwei davon wurden mir gezogen und dafür andere aus Metall eingesetzt, aber ich habe schon vor zwei Jahren die untere Zahnbrücke zerbrochen und kann sie nicht in Ordnung bringen. Das ist aber alles noch zu ertragen. Kaufen Sie mir eine Brille und schicken Sie sie mir mit dem Vermerk «Brille», dann wird es nicht als Päckchen verrechnet, denn mir stehen nur zwei Päckchen im Jahr zu ...

Sonst ist meine Stimmung gut. Ich lese, lerne Sprachen und glaube fest an die Vorsehung Gottes.

Verzeihen Sie mir, daß in meinen Briefen nur materielle Angelegenheiten und keine geistigen zu finden sind. Im Herzen gibt es viel Geistiges; ich will aber, daß Sie wenigstens ein Brief im Monat erreicht.

Siehe, da habe ich doch noch eine Bitte. Am 2. November wurde mir mitgeteilt, daß mir ein kurzes Wiedersehen für Dezember gestrichen worden ist. Ich habe am 1. November an meinen Bruder geschrieben, deswegen kann ich ihm nur durch Sie mitteilen, daß er nicht kommen soll. Ich danke ihm für seine brüderliche Liebe und sein christliches Pflichtbewußtsein. Möge der Herr ihm vergelten. Wir werden uns bestimmt nicht so bald wiederse-

hen. Leben wir so, daß wir uns in der Ewigkeit begegnen können, denn das ist das Wichtigste!
Brüderliche Grüße an alle Kollegen und Pfarrangehörigen.»[14]

Eine legendäre Gestalt
des litauischen Volkes
Von Prof. Vytautas Skuodis

Die Geschichte des litauischen Volkes kennt viele edle Persönlichkeiten, die verehrungswürdig sind. Die einen wurden durch ihre soziale Tätigkeit bekannt; andere im Bereich der Literatur, der Kunst, der Wissenschaften, wieder andere aufgrund ihres christlichen Lebens. Wir Litauer sind wohl selber daran schuld, daß solche ehrenwerten Namen nur uns selber und nicht über die Landesgrenzen hinaus bekannt sind. Doch wir sind stolz darauf, daß das Ausland unseren Mikalojus Konstantinas Ciurlionis entdeckt hat, der als einziger Litauen in der Welt der Kunst vertritt. Wir freuen uns, wenn die eine oder andere unserer hochstehenden Persönlichkeiten genannt wird und damit der Welt den Namen des unterjochten Litauens und seiner Menschen ins Gedächtnis ruft.

Nijole Sadunaite ist eine der seltenen Ausnahmen, denn sie ist bereits weltweit bekannt, ohne daß sie Publicity gebraucht hätte. Die Welt stieß selber auf sie und lernte sie kennen. Nijole machte sich auch nicht durch ihre später verfaßten Erinnerungen einen Namen, sondern durch ihre Haltung vor Gericht, im Lager und in der Verbannung. Vor Gericht verzichtete sie auf den Beistand von Anwälten und sagte ihren Richtern folgendes:

«Das will ich Ihnen sagen, daß ich alle wie meine Brüder und Schwestern liebe und, wenn es notwendig wäre, ohne Bedenken für einen jeden mein Leben lassen würde. Das brauche ich heute nicht, doch diese schmerzliche Wahrheit muß Ihnen vor Augen geführt werden. Man sagt, nur wer liebt, habe ein Recht auf Kritik und Tadel. Indem ich dieses Recht in Anspruch nehme, wende ich mich an Sie ...».[15]

Nijoles «Letztes Wort» vor Gericht wurde in der ganzen Welt mit Bewunderung und Hochachtung ihrer Persönlichkeit zur

Kenntnis genommen. Ihre Rede wurde kurz darauf sogar in die japanischen Schulbücher aufgenommen.

«Dieses ist der glücklichste Tag meines Lebens», sagte die Angeklagte. «Ich werde wegen der ‹Chronik der Katholischen Kirche Litauens› angeklagt, die gegen die physische und psychische Tyrannisierung der Menschen kämpft. Das bedeutet, ich bin um der Wahrheit und der Menschenliebe willen angeklagt! Was kann denn im Leben wichtiger sein, als die Menschen zu lieben, ihre Freiheit, ihre Ehre? Die Liebe zu den Menschen ist die allergrößte Liebe; für die Menschen zu kämpfen, das schönste Liebeslied. Möge es in allen Herzen erklingen, möge es nie verstummen! Mir ist Beneidenswertes zuteil geworden, ein ehrenvolles Schicksal: nicht nur um Recht und Gerechtigkeit für die Menschen zu kämpfen, sondern dafür auch verurteilt zu werden. Meine Strafe wird mein Triumph sein! Schade, daß ich für die Menschen nur so wenig bewirken konnte. Mit Freuden gehe ich um der Freiheit der anderen willen in die Sklaverei und bin zu sterben bereit, auf daß andere das Leben haben. Heute stelle ich mich neben die ewige Wahrheit, Jesus Christus, und besinne mich auf seine vierte Seligpreisung: ‹Selig, die hungern und dürsten nach der Gerechtigkeit; denn sie werden satt werden.› Wie soll man sich da nicht freuen, wo doch der allmächtige Gott bezeugte, daß das Licht die Finsternis bezwingen wird, und die Wahrheit den Irrtum und die Lüge! Auf daß solches schneller geschehe, bin ich nicht nur bereit ins Gefängnis zu gehen, sondern auch zu sterben ...»

Eine Vielzahl litauischer Frauen haben schwere Prüfungen in sowjetischen Gefängnissen durchgestanden, in Lagern, in der Ver-

Prof. Dr. Vytautas Skuodis, ein führender Bürgerrechtler, wurde 1980 wegen «antisowjetischer Propaganda» verhaftet und später zu sieben Jahren Konzentrationslager strengen Regimes Nr. 3 und anschließender, fünfjähriger Verbannung verurteilt. Aus der Verbannung wurde er vorzeitig entlassen mit der Auflage: «Willst Du Freiheit, mußt Du ins Ausland gehen.» Im September 1987 emigrierte er mit seiner Familie nach Amerika und lebt heute in Chicago. Er ist Mitglied der litauischen Helsinki-Gruppe und des Komitees zur Verteidigung der Rechte der Gläubigen in Litauen.

bannung. Viele von ihnen starben einen wahrhaften Märtyrertod. Nijole selber hielt sich dieser Auszeichnung nicht würdig. Sie war bescheiden, einfach und allen allezeit freundschaftlich zugetan. Dennoch lebt in ihr etwas Besonderes, was sie selber nicht fühlt, das sie aber aus allen hervorhebt und zum lebendigen Symbol des geknechteten, leidenden und kämpfenden litauischen Volkes macht.

Ein solches Symbol des litauischen Volkes war auch die vom Dichter Adam Mitzkewitsch geschaffene legendäre Grazina. Ihr historisches Vorbild war die Anführerin des Aufstandes von 1831, Emilija Plateraite. Der Geist jener Grazina und Emilija und deren Beispiel lebt in Nijole Sadunaite fort. Vielleicht wird ein Künstler einst ein großes Gemälde, ein Triptychon schaffen: «Grazina — Nijole — Emilija». Diese drei bedeutenden Frauen wurden den Litauern durch ihren Mut, ihr Heldentum und ihre Aufopferung zu dem, was Jeanne d'Arc den Franzosen bedeutet.

Als man im Jahre 1988 den siebzigsten Jahrestag der wiedererlangten Unabhängigkeit Litauens feierte, führte der Präsident der Vereinigten Staaten von Amerika, Ronald Reagan, in seiner Rede an die Litauer folgendes aus: «Der freiheitliche Geist der Litauer bleibt ungebrochen. Das zeigt das Beispiel der wahrhaften Vorkämpferin Ihres Volkes, Nijole Sadunaite, deren tapferes Selbstaufopfern für ihr Land und ihr Gewissen bis zu diesem Tag fortdauert. Im GULAG», so zitierte der Präsident, schrieb sie: «Unsere kurzen Tage auf dieser Erde sind nicht zum Ausruhen bestimmt, sondern zur Teilnahme am Kampf für das Glück in vielen Herzen.»».[16] Liest man den ersten Teil der Erinnerungen von Nijole Sadunaite in «Gottes Untergrundkämpferin» und die Fortsetzung in diesem Buch, so kann man sich selber von ihrer Menschenliebe, ihrer wahrhaft christlichen Feindesliebe, die sie sogar ihren Peinigern zuwendet, überzeugen. Das ist ihre einzige und zugleich stärkste Waffe, wenn sie diese als ihre Brüder anspricht und vor ihren Augen und Ohren mit einem kurzen spontanen Gebetlein Gott herzlich bittet, ihnen zu vergeben und seine Gunst zuzuwenden.

Der berühmte Naturforscher Carl von Linné hat einmal gesagt: «Ich sehe in jedem Blatt einer Pflanze den Beweis von Gottes Dasein.» Das Leben von Nijole Sadunaite und das Buch ihrer Erinnerungen strahlt förmlich ihr Gottvertrauen und ihre Gottverbundenheit aus.

«Ich weiß selber», schreibt sie, «daß, wer Gott vertraut, in Ewigkeit nicht enttäuscht wird. Der gute Gott hat mir zur gegebenen Zeit allemal klar und deutlich geholfen. Meine armen Brüder, KGB-Leute und Miliz-Soldaten, sie haben viel Mühe mit mir, laßt uns darum beten, daß sie, wenn sie mich suchen, unser aller guter Vater im Himmel finden und liebgewinnen. Gott ist der Quell aller Freuden für jeden Menschen, ohne ihn gibt es im Leben keine wirkliche Freude.»

Nijoles Erinnerungen sind Berichte, aus denen ihre Überzeugung spricht, daß sie lediglich Ausführende des Willens Gottes ist. Das beweist uns der felsenfeste Glaube Nijoles, der aus ihren Erinnerungen herausleuchtet. Fast auf jeder Seite wird der Name Gottes genannt, mit dem sie, sich wie mit einem Schilde deckend, in den Kampf um Recht und Gerechtigkeit schreitet. Gott ist allezeit neben ihr, in ihr, und sie in Ihm. Sie fühlt nicht nur Gottes ständige Nähe, sondern ebenso seine Macht und Obhut bei jedem ihrer Schritte und in jedem Augenblick.

Wer die Ordensfrau Nijole näher kennt, wird bestätigen, noch nie einem Menschen wie ihr begegnet zu sein; sie, die Gottes Liebe im Übermaß ausstrahlt, das absolute Vertrauen zu Ihm, Lebensfreude, Güte und reine Seelenschönheit. Man konnte gar solch Bekenntnis hören: «Es scheint, dieses Leben sei so schwer und abscheulich, der graue Alltag so zermürbend. Schier unerträglich! Doch kaum ist Nijole ins Zimmer getreten, dann ist's, als ob sich die Sonne selber zeige und hereingerollt käme.»

Diese ihre Seelenschönheit und geheimnisvolle Kraft hat mehr als ein Gefangener der fünften Zone des mordwinischen Lagers Nr. 3 erfahren, als Nijole am Rande des Frauenbereichs auf einen Baum zu klettern pflegte und von ferne mit ihren lebendigen und eindringlichen Worten die Häftlinge tröstete und ihnen Mut zusprach. Noch lange danach, als Nijole schon aus dem Lager in die Verbannung abtransportiert war, erzählten jene Gefangenen, welche sie früher manchmal auf dem Baum gesehen hatten, den Neuankömmlingen von ihr voller Hochachtung und Freude. Allein schon die Erinnerung an Nijole tröstete sie.

Als ich seinerzeit in demselben Lager war, überfielen auch mich des öfteren schwere Gedanken, gereizte Spannungen. Doch es genügte, aus der eigenen Lagerzone hinüberzuschauen auf jenes graubraune Dach der kleinen Baracke, das jenseits der hohen Zäune zu sehen war, und schon der bloße Gedanke «Dort hielt man Nijole gefangen» ließ einem wieder so leicht, so gut und so friedvoll ums Herz werden.

Aus ihrem Verbannungsort in Ost-Sibirien schrieb Nijole den Gefangenen Briefe, tröstete sie und stärkte sie im Geiste. In diesem Buch wird hochachtungsvoll Petras Paulinaitis erwähnt, der, damals noch im Lager, mir einen Stapel solcher Briefe von Nijole zeigte.

Nachdem sie aus der Verbannung zurückgekehrt war, schrieb sie auch mir oftmals, doch ich erhielt nur wenige ihrer Briefe. Diese waren äußerst kurz, zum Beispiel: «G.J.K. (Gelobt sei Jesus Christus). Wir lieben , wir beten, wir warten.» Statt einer Unterschrift nur der Buchstabe N. Liest man diese Worte jetzt, so scheint es tatsächlich, das sei nur ein formelles Brieflein, vom Pflichtgefühl diktiert. Der Gefangene jedoch fand in diesen wenigen, auf eine Postkarte mit Blumen geschriebenen Worten, Herzlichkeit und schöpfte aus ihnen viel tröstliche, geistliche Kraft, die ihm Willensstärke und Festigkeit verlieh.

Nijole hielt sich allezeit an das Prinzip: «Laßt uns tun, was wir vermögen, um die dem menschlichen Verstand unvorstellbaren Gewissensqualen der Gefangenen im sowjetischen GULAG zu erleichtern.» Sie selber betrachtete das Gefängnis als ein Gottesgeschenk: «Man verhaftete mich. Mein Wunsch ging in Erfüllung. Alle guten Menschen waren schon im Gefängnis, da wollte auch ich erfahren, wie es dort zugehe! Gott sei Dank, der Traum ging in Erfüllung.»

Als Nijole vor der Demonstration vom 23. August 1987 in Vilnius in die staatliche Prokuratur bestellt wurde, und sie befürchten mußte, festgenommen zu werden, kam sie eilends zu mir, um sich für alle Fälle zu verabschieden, fand mich aber nicht zu Hause; da hinterließ sie mir ein Brieflein, in welchem sie schreibt: «Kehre ich nicht zurück, dann wißt, daß mir Gottes allergrößter Gnadenerweis zuteilgeworden ist. Der größte von allen, die Er mir jemals zukommen ließ.» Es war offensichtlich Gottes Ratschluß, daß sie damals nicht verhaftet wurde, sondern einige Tage darauf Bannerträgerin jener Demonstration wurde. Das erinnerte mich sehr an das Gemälde «Die Freiheit führt das Volk an» von Eugène Delacroix (1830).

Sich mit der literarischen Form oder dem literarischen Wert der Erinnerungen von Nijole Sadunaite auseinanderzusetzen, ist wenig sinnvoll. Sie schrieb diese in Eile nieder und, so scheint es, nicht aus eigener Initiative, sondern von seiten ihrer Beschützer dazu gedrängt. Schließlich gehört sie nicht zu jenen, die sich in aller Ruhe einer literarischen Arbeit widmen können, obwohl sie zweifelsohne Begabung auf diesem Gebiet hat. So blieb sie denn das «Quecksilber», wie ihre Mutter sie in der Kindheit genannt hatte. Dennoch steckt in ihren Memoiren etwas, das den Leser packt und ihn zwingt, in einem Zug zu Ende zu lesen. Der Leser wird zum unmittelbaren Zeugen der geschilderten Ereignisse und das ist bestimmt ein Nachweis für ein literarisches Talent.

In der Jugend war Nijole eine begabte Sportlerin und hätte die Möglichkeit gehabt, ins Körperkultur-Institut zu Kaunas einzutreten. Trotzdem wählte sie den Lebensweg einer Nonne.[17] Das war Gottes Wille, und darüber ist sie sehr glücklich. Durch ihr persönliches Beispiel konnte sie viele alte Vorurteile gegen den Ordensstand abbauen und zeigen, daß das klösterliche Leben auch heute durchaus zeitgemäß ist.

Nijole war immer von starken Persönlichkeiten sehr angetan und verehrte sie. Als solche sah sie vor allen andern ihre eigenen Eltern an. Nach ihrer eigenen Aussage war «die Geduld, der Fleiß, die Selbsthingabe und der Humor des Vaters ihnen die allerbeste, wortlose Predigt». Einmal erzählte sie mir – und konnte dabei ihre innere Bewegtheit kaum verbergen –, wie ihr Vater in seinen Gebeten Gott anflehte, ihm einen qualvollen Tod zu gewähren. Gott hat, wie man diesem Buch entnehmen kann, seine Bitte erhört. Die Worte, die Nijole in ihrer Jugend von ihrem Vater gehört hatte, bewahrte sie wie ein Testament: «Nijole denke daran, jeder Mensch braucht Gesundheit, einen guten Namen, Brot, damit er leben kann; aber mehr als das alles braucht der Mensch den Glauben an Gott. Ich würde lieber mit Freuden auf all diese Wohltaten verzichten, ja im Gefängnis in Sibirien sterben, als auch gegenüber einem einzigen Menschen den Glauben an Gott zu verleugnen, denn dieser ist das allergrößte Gottesgeschenk für den Menschen.» Diese väterlichen Worte, die er zur jungen Gymnasiastin sprach, blieben ewig lebendig und ständige Begleiter ihres eigenen Lebensweges.

Sehr ausführlich hat sich Nijole in diesem Buch mit der Persönlichkeit des großen Humanisten und christlichen Arztes F. J. Haass beschäftigt. Es hat den Anschein, als stünde das in Diskrepanz zum grundlegenden Inhalt dieses Buches. Doch liest man jene Seiten, dann erspürt man, wie Nijole sich an der Nächstenliebe, an der Gottergebenheit, am menschlichen Vorbild von Doktor Haass erbaut. Sein Wort: «Beeilt euch, Gutes zu tun» ist ein weiterer Stützpfeiler ihres eigenen Lebens und weckte einen lebendigen Widerhall im edlen Herzen der Nijole; es ist ihr zur Kompaßnadel geworden.

Nijoles patriotische Gefühle und Vaterlandsliebe spiegeln sich in den bildhaften Beschreibungen ihrer Erfahrungen und Eindrücke bei den Begegnungen mit dem ehemaligen Partisanenführer, Petras Paulaitis, einem anderen lebendigen Symbol des leidenden Litauens, wider.

Nijole erhielt von ihm ein schönes Partisanengebet, das sie aufschrieb und in diesem Buch zitiert. Dieses Gebet habe ich selber oft gehört, als auch ich im Lager war und zwar von den Lippen des Petras Paulaitis persönlich. Er pflegte es laut für alle zu sprechen, wenn sich die litauischen politischen Gefangenen versammelten, um des Nationalfeiertages am 16. Februar, des Osterfestes oder anderer Feiertage zu gedenken. Auch als Lagerinsasse blieb er noch nach mehr als dreißig Jahren Haft der Anführer.

Unter Zugrundelegung der Erinnerungen von Nijole Sadunaite schufen zwei junge, international bekannte französische Schauspieler litauischer Abkunft, Jean-Christophe Moncis und Karolina Masiulyte-Paliuliene, im Herbst des Jahres 1987 in Paris das Schauspiel «Tor der Morgenröte» (La Porte de L'Aurore/Ausros Vartai) und führten es mit großem Erfolg viele Abende in der Krypta der St.-Eustachius-Kirche in Paris auf.

Auf die Frage, welches Ereignis aus den Erinnerungen Nijoles den Künstlern bei der Konzeption des Bühnenstücks den tiefsten Eindruck gemacht habe, antwortete Karolina: «Nijoles Heldenmut und die Originalität ihres Charakters, gegen das Böse zu kämpfen ohne jeden Haß.» Die Schauspielerin gibt zu, daß es ihr keineswegs leicht gefallen sei, sich in die Rolle der Nijole Sadunaite hineinzufühlen, Nijoles Entschlossenheit und Festigkeit ohne das Stilmittel von Haß und Aggression glaubhaft darzustellen.

Auch die nationale Einstellung Nijoles war für die Schauspielerin Karolina richtungweisend. Da Karolina als Kind nie Gelegenheit hatte, litauisch zu lernen, fühlte sie sich wie abgetrennt von ihren Wurzeln. Sie freute sich über den Beitrag, den der berühmte Franzose litauischer Abstammung, Oscar Milosz (Milasius), zur französischen Weltliteratur geleistet hat. Die litauische Literatur erschloß sich ihr jedoch erst, als sie in den Erinnerungen der Nijole Sadunaite die litauische Seele erspürte und begriff. Damals kam ihr auch die Idee, sie zu einem Schauspiel umzugestalten. Diese Arbeit, nun bereits nach dem Originaltext, den ihr hilfreiche Mitarbeiter zugänglich machten, vermittelte der jungen Französin litauischer Herkunft nicht nur eine starke Verbindung zu Nijole Sadunaite, sondern zu ganz Litauen. Dies war und ist Karolinas Traum des Lebens.

Ähnlich erging es auch ihrem Partner, Jean-Christophe. Dank der Initiative und der zähen Arbeit dieser beiden Schauspieler wurde ein Bühnenstück geschaffen, das sich um die Verbreitung des Namens von Nijole Sadunaite und Litauens in Frankreich verdient gemacht hat. Eine wertvolle Verfilmung dieses Schauspiels und seine Synchronisation in andere Sprachen würde diesem Ziel weiter förderlich sein.

In der weltweiten Theaterszene geschieht es wahrscheinlich selten, daß ein Titelheld dargestellt wird, der noch unter den Lebenden weilt. Auch in dieser Hinsicht ist das Stück «Tor der Morgenröte» eine Besonderheit.

Interessant finde ich, daß das «Tor der Morgenröte» in ganz Litauen durch die amtliche sowjetische Zeitung «Tiesa» vom 15.1.1988 bekanntgeworden ist, die ohne jeglichen Kommentar folgende Nachricht veröffentlichte: «In den Räumen der Eustachius-Kirche zu Paris werden Abendvorstellungen stattfinden, denen das Tagebuch der Nijole Sadunaite zugrundegelegt wurde.»

Das Buch der Erinnerungen von Nijole Sadunaite ist noch nicht abgeschlossen. Es findet seine Fortsetzung in der Gegenwartsgeschichte Litauens, welche immer deutlicher die Einmaligkeit der Persönlichkeit dieser Volksheldin herausstellt und ihre Bedeutung im Kampf um den Glauben, die Freiheit der Kirche und die Menschenrechte, ja darüber hinaus im Kampf um die Befreiung des versklavten litauischen Volkes und Vaterlands.

Ein Pionier der litauischen Kirche

Der selige Erzbischof Jurgis Matulaitis (1871–1927)

Der vom Papst Johannes Paul II. seliggesprochene Jurgis Matulaitis (1871–1927) ist eine Symbolgestalt der spannungsreichen
polnisch-litauischen Beziehungen im 19. und 20. Jahrhundert.
Matulaitis stammt aus dem – auch heute noch zu Polen gehören-
den – gemischtsprachigen Gebiet von Suwalki. Als er mit 20 Jahren in das Priesterseminar von Kielce eintrat, polonisierte er seinen Zunamen in Matulewicz. Vor dem 1. Weltkrieg, als sowohl
Polen als auch Litauen zu Rußland gehörten, wurde Matulaitis
zum Erzbischof der litauischen Hauptstadt Vilnius (polnisch:
Wilno) ernannt, die damals eine mehrheitlich polnischsprachige
Bevölkerung hatte. Sein Bischofsamt konnte Matulaitis nur sieben Jahre lang ausüben, weil in den Grenzkämpfen nach dem 1.
Weltkrieg Wilno polnisch wurde und der zu litauisch gesinnte Bischof «untragbar» schien. Nachdem Matulaitis als Erzbischof
von Vilnius/Wilno demissioniert hatte, wurde er von Papst Pius
XI. mit der Vorbereitung des Konkordats mit der neuentstande-
nen Republik Litauen beauftragt. Während seiner bischöflichen
Amtszeit gründete Matulaitis zwei Schwesternkongregationen in
Litauen und in Weißrußland. Er erneuerte die Kongregation der
Marianer im polnisch-weißrussisch-litauischen Grenzgebiet
und förderte das Laienapostolat. Als Apostolischer Visitator
starb er unerwartet am 27. Januar 1927 in Kaunas. Papst Pius XI.
hatte ihn wiederholt als «Mann Gottes» und «wahrlich heiligen
Menschen» bezeichnet. Die Seligsprechung des Erzbischofs
fand am 28. Juni 1987 in Rom statt. Sein liturgischer Gedenktag
ist der 27. Januar.

Der hl. Josaphat Kunzewitsch

(1580–1623)

Verfolgung und Martyrium hat die Kirche in Litauen auch zu früheren Zeiten erlebt. Damals in der Auseinandersetzung zwischen der morgenländischen und abendländischen Kirche.

Der spätere Heilige und Märtyrer Josaphat Kunzewitsch (poln. Kuncewicz) wurde 1580 in Wolhynien als Kind orthodoxer Eltern geboren. Von Beruf wurde er kaufmännischer Angestellter. Als junger Mann trat er zur ruthenisch-unierten Kirche über. Mit 24 Jahren wurde er Basilianermönch und empfing 1609 die Priesterweihe. Weil er sich so eifrig für die Union mit Rom einsetzte, brachte ihm das den Schimpfnamen «Duszochuat» (Seelenräuber) ein. Sein Wirken war offensichtlich auch von seinem Abt nicht gern gesehen, denn er mußte außerhalb der Klostermauern leben. Schon als Diakon hatte er die Gewohnheit, Leute auf offener Straße zur Beichte aufzufordern, und nachdem er als geschätzter Beichtvater bekannt war, nahm er die Gläubigen überall zur Beichte an. 1604 wurde er Abt zu Wilna und 1618 gar Nachfolger des Erzbischofs von Polozk. Sein großes Verdienst war ein von ihm verfaßter Katechismus, welcher der Unwissenheit vieler Gläubigen Abhilfe schaffen sollte. Obwohl er sich fortwährend für eine Union mit Rom stark machte, sei es auf der Kanzel oder im Beichtstuhl, sah er davon ab, die Liturgie zu latinisieren und hielt am ostkirchlichen Ritus fest. Trotzdem galt er als «lateinischer Papist» und wurde im Jahre 1623 auf einer Visitationsreise in Witebsk vom aufgehetzten Pöbel erschlagen. Als «Vorkämpfer der Union» und «hellstrahlendes Licht der Ostkirche» wurde er 1643 selig- und 1867 heiliggesprochen.

Josaphat Kunzewitsch.

Interview mit Pfarrer Alfonsas Svarinskas

Von Diethild Treffert

Pfarrer Alfonsas Svarinskas hat seine litauische Heimat am 23. August 1988 verlassen und landete am gleichen Abend auf dem Flugplatz Frankfurt in der Bundesrepublik Deutschland. Der 63jährige katholische Priester hat insgesamt 21 Jahre in sowjetischen Lagern und Gefängnissen verbracht. Seine Priesterweihe erhielt er 1946 während seiner ersten Gefangenschaft im Lager; er war als Seminarist verhaftet worden. Aus seiner letzten Haft – 1983 wurde er zu zehn Jahren Freiheitsentzug verurteilt – ließen ihn die sowjetischen Behörden unter der Bedingung vorzeitig frei, daß er die Sowjetunion verlasse. Er folgte der Einladung des Bischofs von Augsburg, Dr. Josef Stimpfle, und ist vorerst Gast des litauischen Altbischofs Dr. Antanas Deksnys, der in dieser Diözese wohnt. In seinem Haus fand am 31. August das folgende Interview statt, bei dem der Geistliche Rat Antanas Bunga, der die in Westdeutschland lebenden Litauer betreut, dolmetschte. Bunga und Svarinskas haben seinerzeit zusammen das Priesterseminar in Kaunas besucht.

Dieses Interview erschien in der italienischen Zeitschrift «Trenta Giorni», Oktober 1988. Copyright für die deutsche Version liegt beim Christiana-Verlag.

Frage: Herr Pfarrer Svarinskas, es ist mir eine große Freude und Ehre, Sie hier persönlich begrüßen zu können, nachdem ich Ihren Schicksalsweg von der Bundesrepublik Deutschland aus viele

Oben: eine deutsche Jugendgruppe der Diözesen Bamberg und Eichstätt besuchte im August 1988 den litauischen Kardinal Vincentas Sladkevicius. Unten: Der nach 21 Jahren Haft in sowjetischen Lagern freigelassene Priester Alfonsas Svarinskas bei seiner Ankunft am 23. August 1988 im Frankfurter Flughafen, wo er von der litauischen Gemeinde in der Bundesrepublik begrüßt wurde.

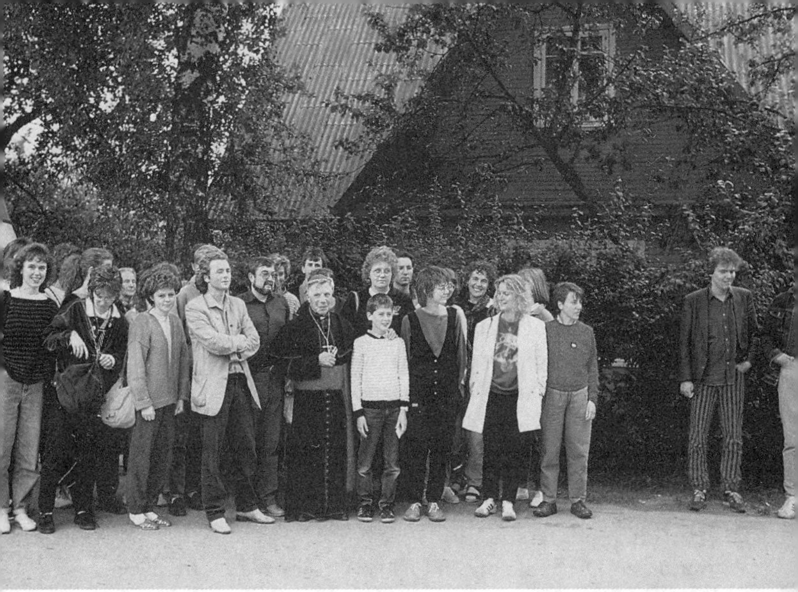

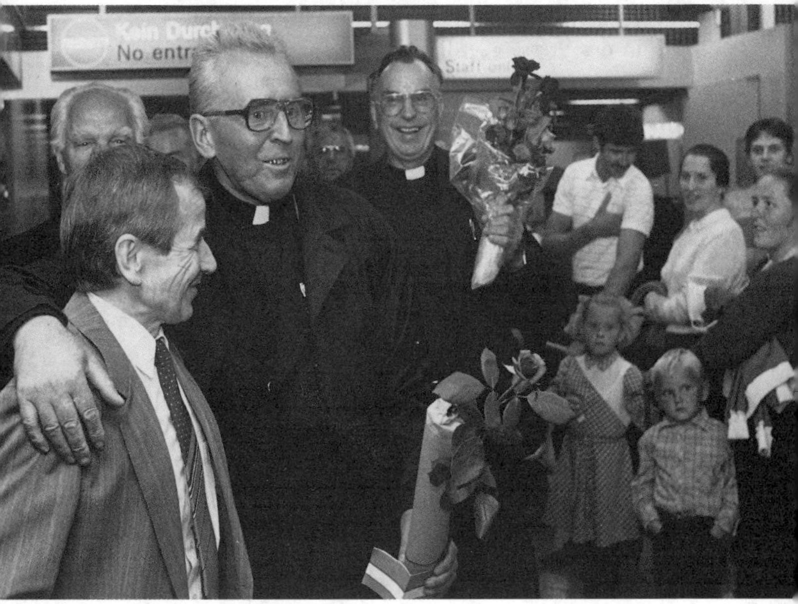

Jahre verfolgt und darüber geschrieben habe. Wie fühlen Sie sich hier nach der ersten Woche?

Svarinskas: Ich fühle mich wie im Paradies, nur habe ich nichts zu kämpfen. Bischof Stimpfle hat mir allerdings ein Stipendium zur Verbesserung meiner Deutschkenntnisse in einem diözesaneigenen Sprachkurs zugesichert. Danach werde ich wieder meinen priesterlichen Dienst aufnehmen können.

Frage: Was sagt der Arzt zu Ihrem Gesundheitszustand?

Svarinskas: Der Doktor hier bezeichnete ihn als «nicht schlecht». Allerdings wird mein Ohrenleiden nicht mehr zu heilen sein. Es ist durch Schläge in der letzten Haft verursacht worden.

Frage: Hat sich die Lage der Kirche in Ihrer Heimat unter Gorbatschow geändert?

Svarinskas: Die Stimmung in Litauen ist schwer zu formulieren. Die Situation ist etwas besser geworden. Gesetzlich hat sich nichts geändert. Aber die Behörden verhalten sich etwas gemäßigter. In der Presse allerdings werden Gläubige und Priester noch häufig angegriffen. Die «Tiesa» (Wahrheit), das ist die litauische Parteizeitung, brachte kürzlich einen bitterbösen Artikel über mich.

Frage: Am 15. Februar 1988 zeigte das Moskauer Fernsehen einen Film über Sie im sibirischen Lager. Können Sie erzählen, wie dieser zustandegekommen ist?

Svarinskas: Das war eine hinterlistige Sache. Ich hatte keine Ahnung, um was es ging. Man holte mich im Lager von der Arbeit weg. Vor dem Verwaltungsgebäude standen zwei Soldaten mit Maschinengewehren. Ich wurde in ein sehr stark beleuchtetes Zimmer geführt und aufgefordert, zu meinen Landsleuten zu sprechen. Das habe ich getan. Ich habe mit den Worten geschlossen: «Wir werden uns wiedersehen.» Dann erst habe ich gemerkt, daß ich gefilmt worden war. Insgesamt haben die Aufnahmen zwei Stunden gedauert. Man hat aber nur kleine Ausschnitte gezeigt. Der Film wurde übrigens unionsweit vorgeführt, auch in Kinos.

Frage: Bisher wurden in Litauen häufig Kirchen und Pfarrhäuser überfallen. Anfang der achtziger Jahre wurden innerhalb von zehn Monaten vier Priester ermordet, die ihre Kirchen und das Allerheiligste schützen wollten. Später sind diese Überfälle seltener geworden und weniger dramatisch verlaufen. Haben sie jetzt aufgehört?

Svarinskas: Überfälle dieser Art sind wohl in der letzten Zeit nicht mehr vorgekommen, man hat mir nichts darüber berichtet. Den Pfarrern ist auch eine gewisse Erleichterung gewährt worden, insofern die Gemeinden nicht mehr 25 Kopeken für das Kilowatt Strom zu bezahlen haben, sondern nur noch den allgemeinen Tarif von vier Kopeken. Allerdings darf eine Gemeinde nur tausend Kilowatt im Jahr verbrauchen. Was darüber hinausgeht, unterliegt dem Zehnfachen des Normaltarifs, es müssen also 40 Kopeken pro Kilowatt bezahlt werden. In meiner Pfarrei benötigte allein die Orgel jährlich 1500 Kilowatt.

Frage: Umgerechnet wären das fast eine deutsche Mark für das Kilowatt Strom. – Litauen ist zu achtzig Prozent katholisch. Hat sich daran etwas geändert, und wie steht die Jugend zur Religion?

Svarinskas: In meiner Pfarrei Vidukle werden fast alle Kinder getauft, nahezu alle Ehen werden kirchlich geschlossen und niemand wird ohne Priester beerdigt. In den großen Städten liegen die Zahlen etwas niedriger, aber auch dort sind die Zahlen der Taufen sehr hoch; mehr als fünfzig Prozent der Brautpaare werden kirchlich getraut. Die statistischen Angaben darüber müssen die Pfarrer den örtlichen Behörden melden. In letzter Zeit geben sie die Zahlen aber nur noch an die jeweilige Diözese weiter, die sie dann gesammelt den staatlichen Organen meldet. Dadurch sind die besonders aktiven Pfarreien nicht mehr so leicht zu ermitteln. Die Vorschrift ist zwar nicht aufgehoben worden, aber sie wird von den Priestern nicht mehr praktiziert, und die Behörden lassen es durchgehen. Was die Jugend anbelangt, so bleibt natürlich die kommunistische Erziehung nicht ohne Einfluß, aber ein Großteil der Jugend steht fest zur Kirche.

Frage: Die Wallfahrten zum litauischen Marienheiligtum in Siluva sind in der Vergangenheit stark behindert worden. Mehrere

Gläubige wurden vor einigen Jahren verurteilt, weil sie eine Wallfahrt dorthin angeführt hatten. Ist diese Lage jetzt anders geworden?

Svarinskas: Die Behinderungen der Wallfahrt nach Siluva gingen von der örtlichen Parteiinstanz aus. Das hat heute aufgehört. Die Leute lassen sich durch solche Schikanen nicht mehr abhalten. Nach meiner Rückkehr aus dem Lager bin ich selbst nach Siluva gepilgert. An jenem Sonntag zählte man dort über 50 000 Gläubige, darunter übrigens sehr viel Jugend. Das ist an jedem Wochenende so, wurde mir gesagt. An Wochentagen ist die Zahl der Pilger geringer. Sonntags findet um 15 Uhr regelmäßig eine Bußandacht auf den Knien rund um die Kirche statt.

Frage: Wie steht es mit religiöser Literatur und Kirchenzeitungen in Litauen?

Svarinskas: Bisher gab es weder eine Kirchenzeitung noch sonstige religiöse Zeitschriften bei uns. Nach neuesten Informationen durfte in Litauen im Oktober 1988 erstmals eine katholische Zeitschrift erscheinen. Jährlich wird ein «Kalender der katholischen Kirche in Litauen» herausgegeben. Vor einigen Jahren ist ein Katechismus mit 300 Seiten vorbereitet worden, er wurde aber auf 160 Seiten gekürzt. Jede Pfarrei erhielt höchstens 60 Stück davon. In meiner Pfarrei bereiten sich jährlich etwa hundert Kinder auf die Erstkommunion vor. Das Neue Testament wurde vor kurzem in einer Auflage von 30 500 Exemplaren verbreitet. Davon erhielt das Staatliche Kirchenamt 400 Exemplare, die Protestanten 1000, weitere Bände gingen ins Ausland zu Propagandazwecken. Jedenfalls blieben am Schluß für die rund drei Millionen Katholiken in Litauen noch 17 000 Exemplare übrig.

Frage: Ist Religionsunterricht in Litauen erlaubt?

Svarinskas: Religionsunterricht an Minderjährige ist in der gesamten Sowjetunion gesetzlich verboten. Erlaubt ist nur den Eltern, die eigenen Kinder religiös zu unterweisen. Aber diese haben ja selbst schon keinen geordneten Religionsunterricht erhalten und sind deshalb nicht in der Lage, ihre Kinder zum Beispiel auf die Erstkommunion vorzubereiten. Dies geschieht weitgehend durch geheime Nonnen wie Nijole Sadunaite, die für die Jugend durch ihren Mut ein großes Vorbild ist. Dem Priester ist nur erlaubt, vor der Erstkommunion das Wissen der Kinder zu prüfen. Es wird dabei streng überwacht, daß er mit dieser Prüfung keinen Unterricht verbindet. Viele Priester tun es trotz Verbot. Auch auf meiner Liste der Anklageschrift stand dieses Vergehen.

Frage: Ende 1978 gründeten Sie zusammen mit vier anderen Priestern das Katholische Komitee zur Verteidigung der Rechte der Gläubigen, was wohl auch der Hauptgrund zu ihrer letzten Verurteilung war. Soweit hier im Westen bekannt, organisierte das Komitee auch die damalige Unterschriftensammlung unter eine Erklärung an die sowjetische Regierung, daß die Geistlichen in Litauen die sowjetischen Religionsgesetze nicht mehr befolgen würden, solange diese den Kirchengesetzen widersprechen. Damals unterschrieben drei Viertel aller Geistlichen in Litauen diese Erklärung. Hauptsorge der Priester war damals die Gesetzesbestimmung, daß nicht mehr der Priester, sondern ein Laiengremium die Pfarrei leiten sollte. Dies läuft in der Tat sowohl den Kanones der katholischen als übrigens auch der orthodoxen Kirche zuwider. Was ist in Litauen aus diesen «Kirchenkomitees» geworden?

Svarinskas: Die Kirchenkomitees mußten eingerichtet werden, aber sie existieren in Litauen nur auf dem Papier. Aktive Gläubige wurden in die Komitees aufgenommen, die die Leitung der Pfarrei nach wie vor dem Priester überlassen. Die Versuche, Nichtgläubige oder sogar Mitglieder der kommunistischen Partei in das Komitee einzuschleusen, wie das teilweise in der orthodoxen Kirche gelungen ist, scheiterten in Litauen. Wir waren durch die Entwicklungen in der orthodoxen Kirche gewarnt. Dort hatten die unterwanderten Komitees häufig die Auflösung der Gemeinde beantragt und den Pfarrer entlassen. Bei uns sind die Komitees eine Pro-forma-Einrichtung geblieben.

Frage: Beim letzten Konsistorium hat Papst Johannes Paul II. Bischof Vincentas Sladkevicius, der über 20 Jahre amtsbehindert war und erst 1982 von Johannnes Paul II. wieder in sein bischöf-

liches Amt eingesetzt werden konnte, zum Kardinal erhoben. Wie
haben die Litauer darauf reagiert?
Svarinskas: Mit großem Jubel. Die Gläubigen haben diese Kardi-
nalsernennung als Anerkennung ihrer Treue zu Papst und Kirche
gewertet. Bei meinem Abschiedsbesuch bei Erzbischof Julijonas
Steponavicius, der seit 28 Jahren aus seiner Erzdiözese Wilna verbannt ist, sagte dieser mir, er habe dem Papst vorgeschlagen, Kardinal Sladkevicius auf den erzbischöflichen Stuhl von Wilna zu
berufen und gleichzeitig die Bedingung zu stellen, daß die dortige
Kathedrale, die heute Kunstgalerie ist, sowie die St. Casimir-
Kirche, die heute ein atheistisches Museum beherbergt, zurückgegeben werden. Erzbischof Steponavicius hat mit Vollendung
seines 75. Lebensjahres gemäß den Kirchenvorschriften sein
Rücktrittsgesuch eingereicht, vom Vatikan aber noch keine Ant-
wort erhalten. Die Verbannung von Steponavicius ist häufig ein
Grund zu massiven Protesten der Gläubigen. Die Regierung wäre sicherlich erleichtert, wenn in Wilna ein Oberhirte residieren
würde, der von der Bevölkerung akzeptiert und verehrt wird.
Frage: Haben sich die Bedingungen in den Straflagern verbessert?
Sie waren im selben Lager wie der orthodoxe Diakon Wladimir
Russak, der am 27. September 1986 – also eineinhalb Jahre nach
Gorbatschows Amtsantritt – wegen «antisowjetischer Agitation
und Propaganda» zu zwölf Jahren Freiheitsentzug verurteilt
wurde. Können Sie sagen, was er im Lager arbeitet und wie es ihm
geht?
Svarinskas: Wladimir Russak wurde verurteilt, weil er eine Geschichte der orthodoxen Kirche seit der Oktoberrevolution verfaßt hatte und sie veröffentlichen wollte. Er war im selben Perm-
lager Nr. 35 wie ich. Er wurde viel schikaniert. Während der Millenniumsfeiern zur Taufe der Kiewer Rus hat man ihn in den Isolator gesperrt, das ist ein winzig kleiner feuchter Raum ohne Mö-
blierung. Man muß auf dem Fußboden schlafen und erhält nur eine Decke. Im Winter muß man nachts alle halben Stunden Gymnastik treiben, um nicht zu erfrieren. Essen erhält man nur jeden
zweiten Tag. Russaks Gesundheitszustand ist sehr angegriffen.

Normalerweise arbeitet er in der Lagerfabrik, wo Werkzeugtaschen und Kartoffelsäcke hergestellt werden. Der Diakon kann oft die Norm nicht erfüllen und ist dadurch ständig bedroht, zur Strafe wieder in den Isolator gesperrt zu werden. Allgemein gesagt, ist die Lagerverwaltung heute schlimmer als in der Nachkriegszeit. Es wird alles getan, um den Menschen zu vernichten. Glasnost und Perestroika gibt es in den Lagern nicht.

Frage: Derzeit ist — nach Ihrer Entlassung — nur noch ein katholischer Priester aus Litauen in Haft, Pfarrer Sigitas Tamkevicius. Seine Verhaftung fand seinerzeit unter dramatischen Umständen statt, nachdem er im Prozeß gegen Sie offenbar nicht zur Zufriedenheit des Gerichts ausgesagt hatte, wurde er im Verhandlungssaal verhaftet. Wissen Sie, wie es ihm geht?

Svarinskas: Pfarrer Tamkevicius bekam ebenfalls zehn Jahre, aber seine Strafzeit ist etwas verringert worden. Er befindet sich heute an seinem Verbannungsort. Dort arbeitet er in einer Möbelfabrik. Sein Gesundheitszustand ist nicht gut, er mußte vor kurzem operiert werden, hat sich aber anscheinend wieder erholt. Ich möchte mich nachdrücklich um seine Freilassung bemühen. Ich bitte vor allem alle Menschen guten Willens um ihr Gebet für ihn und alle Gefangenen, die noch in sowjetischen Gefängnissen und Lagern sind.

Die Kathedrale von Wilna soll wiedereröffnet werden

Massenkundgebungen der «Volksfront» in Litauen

Eigener Bericht der Deutschen Tagespost vom 25. 10. 88:
MOSKAU. (ilö) Die Kathedrale von Wilna, der Hauptstadt Litauens, soll wiedereröffnet werden. Das wurde im Verlauf der Massenkundgebungen am vergangenen Samstag in Wilna bekannt. Wie westliche Journalisten, die Augenzeugen der Ereignisse in der litauischen Hauptstadt waren, in Moskau berichteten, hat der in der vergangenen Woche gewählte Erste Parteisekretär Litauens, Brazauskas, damit den wiederholt vorgetragenen Bitten der katholischen Kirche des Landes entsprochen, die Kathedrale für den katholischen Gebrauch wieder zu öffnen. Im größten Gotteshaus in Wilna war bis jetzt ein Museum für Atheismus untergebracht.

Westliche Beobachter berichteten von sich überstürzenden Ereignissen am Samstag in Wilna. Dort veranstaltete die sogenannte «Volksfront» eine Massenkundgebung mit − wie geschätzt wird − Hunderttausenden von Menschen. In scharfen Worten sei dabei die Schaffung eines weitgehend autonomen litauischen Staates mit eigener Flagge und Hymne gefordert worden. Wie westliche Beobachter weiter berichteten, hätten Redner auf der Kundgebung in ungewöhnlich offenen Worten der russischen Regierung in Moskau zahlreiche Mißstände zur Last gelegt und Forderungen gestellt. Kritisiert worden sei die zunehmende Verschmutzung der Luft und des Wassers in der Ostsee. Die Redner hätten gefordert, ein in Litauen betriebenes Kernkraftwerk, das vom

Oben: Fassade des Domes von Vilnius.
Unten: Nijole Sadunaite, in der Mitte sitzend, mit Sonnenbrille; 4. und 5.
von links sind die Geschwister Sasnauskas.

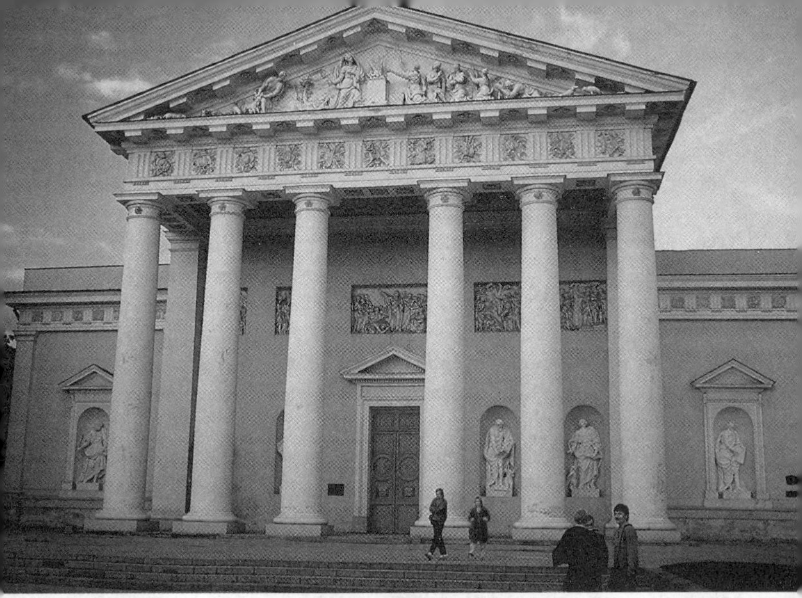

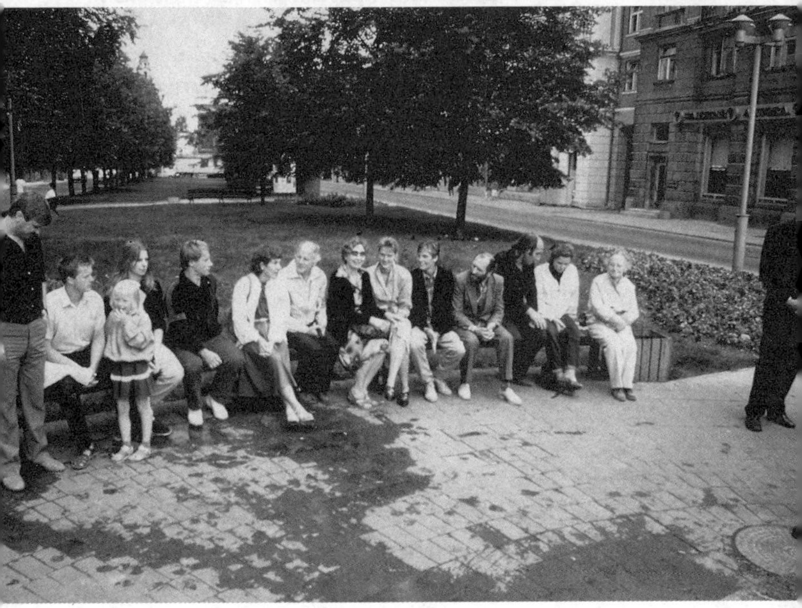

selben Typ ist wie das in Tschernobyl, stillzulegen und von einer internationalen Kommission auf die Sicherheit überprüfen zu lassen. Wenn es zu einem Unfall wie in der Ukraine komme, so hätten die Redner gewarnt, sei die Bevölkerung und Landschaft ganz Litauens von der Verseuchung bedroht. Daneben hätten sie die schonungslose Offenlegung der stalinistischen Vergangenheit gefordert. Den Vorgang, der dazu führte, die Wiedereröffnung der Kathedrale in Aussicht zu stellen, schilderten Beobachter wie folgt: Ein Priester habe vor der Massenversammlung Angebote der Parteileitung abgelehnt, die Kathedrale stundenweise zu benutzen. Er habe stattdessen angekündigt, man werde vor der Kirche Messe feiern. Plötzlich sei ihm ein Zettel auf das Podium gereicht worden. Kurz darauf habe er durch das Mikrofon mitgeteilt, der Erste Sekretär habe soeben die Wiedereröffnung der Kathedrale angeboten. Auf diese Mitteilung hin seien die Menschen in Jubel ausgebrochen und seien sich gegenseitig in die Arme gefallen. Den russischen Dolmetschern, die die Journalistengruppe begleiteten, hätten die Worte gefehlt, das Weitere zu übersetzen. Von der Versammlung aus habe sich die Menschenmenge anschließend in einem Fackelzug singend zur Kathedrale bewegt.

Die erst am vergangenen Wochenende gegründete «Volksfront» verstehe sich als Bewegung für das Umbauprogramm Gorbatschows. Sie sei, wie es in den Berichten aus Litauen heißt, zu einer Autonomie in kleinen Schritten bereit, während eine wesentlich radikalere, aber nur kleine «Liga für Unabhängigkeit» den sofortigen Ausstieg aus dem sowjetischen Staatsverband fordere. Der Leitung der «Volksfront» gehörten zur Hälfte Parteimitglieder an, aber auch Priester und Laien der katholischen Kirche. Alle führenden Parteisekretäre Litauens seien Mitglieder der «Volksfront».

Die Erlaubnis, die Kathedrale für den Gottesdienst zu benutzen, muß noch von der Regierung Litauens bestätigt werden. Westliche Beobachter in Moskau zweifeln jedoch nicht an der Zustimmung der Staatsorgane.

Kommentar von Pfarrer Casimir Senkus

Die Kathedrale von Vilnius (Wilna), die Wiege des Christentums in Litauen, das Herz des katholischen Landes, war den Gläubigen seit 1945 genommen und zur Bildergalerie und zum Konzertraum umfunktioniert worden. Petitionen für die Rückgabe dieses Hauptheiligtums Litauens waren von Tausenden von Gläubigen unterschrieben worden. Es war Teil der Umgestaltung (Perestroika), die von der «Volksfront» in Litauen vorangetrieben wird, daß die Schlüssel der Hauptkirche in die Hände ihres wahren Eigentümers zurückgegeben werden. Die der Kirche zugefügte Ungerechtigkeit wurde nun vom litauischen Delegierten-Kongreß am 22. Oktober 1988 in Vilnius rückgängig gemacht.

Außerdem durften im September 1988 alle Priesteramtskandidaten in das einzige Priesterseminar Litauens, in Kaunas, aufgenommen werden. In diesem Semester studieren dort also 143 junge Männer.

Der in Verbannung lebende Bischof von Vilnius, Julionas Steponavicius, darf in seine Stadt zurückkehren.

Alle geheim geweihten Priester des Untergrundseminars sind inzwischen legalisiert worden und dürfen in der Seelsorge tätig sein.

Politische- und Gewissensgefangene werden frei, unter ihnen die Litauer: Pfarrer Sigitas Tamkevicius, Viktoras Petkus, Gintautas Iesmantas, Balys Gajauskas.

Weitere Gotteshäuser sollen ihrem ursprünglichen Zweck rückgeführt werden:

— die Kirche der Friedenskönigin in Klaipeda (Memel) — bisher Konzertraum — vertragsmäßig ab 1. Juli 1989.

— die große Auferstehungskirche in Kaunas — bisher Radiofabrik — soll wieder für Gottesdienste hergerichtet werden.

— die Kirche des hl. Casimir in Vilnius — bisher atheistisches Museum — soll ab 1. März 1989 den Gläubigen zurückgegeben werden.

Es ist die Erlaubnis erteilt worden, einige Kirchen neu zu errichten, unter anderem in Gargzdai, Kuciunai und in einem neuen Stadtteil von Vilnius.

Das Denkmal dreier Kreuze auf einem Hügel in Vilnius, welches gleich nach dem 2. Weltkrieg von Atheisten gesprengt worden war, soll bis zum 1. Juni 1989 wieder errichtet werden.

Es drängt sich nun die Frage auf: Ist Rußland im Begriff, sich zu Gott zu bekehren? In der Sowjetunion ist manches in Bewegung geraten.

Maria, die Mutter Gottes, hat 1917 in Fatima vorausschauend gemahnt: Tut Buße, betet für die Bekehrung Rußlands. Ihre Prophezeiung, Rußland würde sich dann bekehren, geht langsam in Erfüllung. Das Gebet der Gläubigen, jahrzehntelange Leiden und die unzähligen Opfer der Verfolgten und Unterdrückten steigen zum Himmel auf, und es ist eine Wende zum Besseren in Sicht. Auch wir sollten unser Möglichstes dazu beitragen.

Eine «Premiere» besonderer Art waren an Weihnachten 1988 die Übertragung der katholischen Mitternachtsmesse aus der Wilnaer Theresienkirche durch das litauische Staatsfernsehen und die Übertragung des Geläuts aller Kirchenglocken.

Oben: Kirche des Priesterseminars in Kaunas.
Unten: Universitätskirche in Vilnius, heute ein «Museum der Wissenschaft».

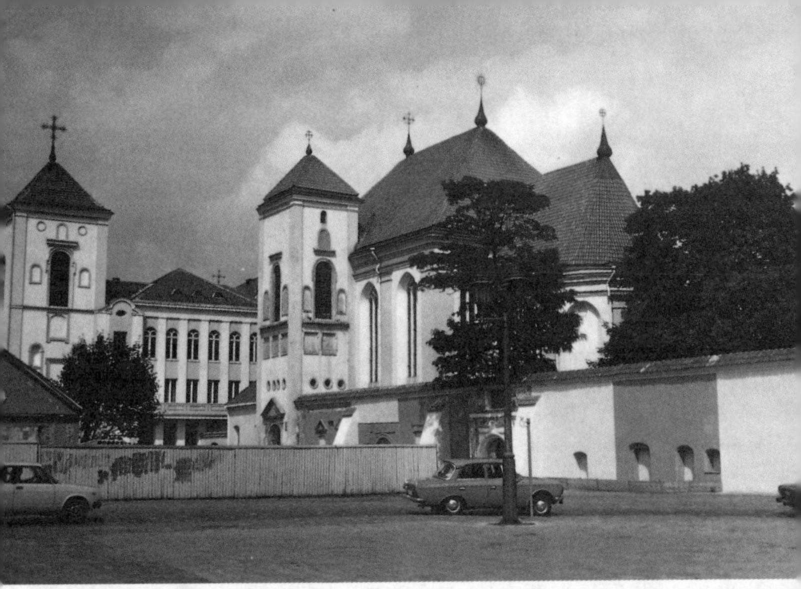

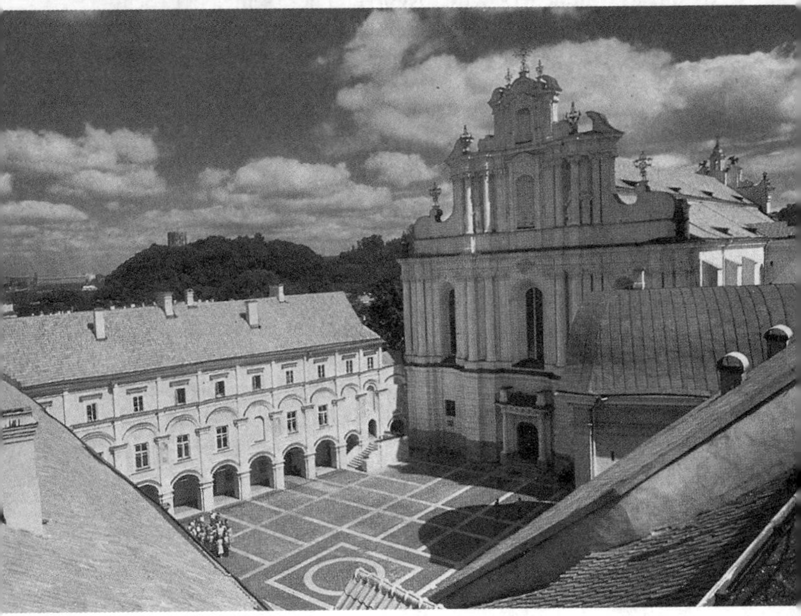

Zehntausende von Sowjetbürgern haben Maria gesehen

26. April 1987. Erster Jahrestag der Katastrophe von Tschernobyl. Eine Sensation: Maria erscheint in der Ukraine. Zunächst
wenigen, dann sehen sie Zehntausende an vielen Tagen. Was
Maria in der Ukraine sagt, spannt einen Bogen nach Fatima:
«Betet, bekehrt euch, und es wird keinen Dritten Weltkrieg geben. Bald werdet ihr frei sein!»
Die schweizerische Zeitung «Timor Domini» vom 29. August
1988 brachte, gestützt auf Meldungen des österreichischen Pres-
sedienstes «idu», Maria-Roggendorf, folgenden Bericht:
Als «Staatskrimineller» hatte Josyp Terelya 23 seiner 45 Lebens-
jahre in sowjetischen Gefängnissen und Lagern zubringen müssen. Jahrzehntelang hat er der – noch immer – zwangsaufgelö-
sten ukrainisch-katholischen Kirche die Treue gehalten. Vor
neun Monaten wurde er aus der UdSSR ausgebürgert und lebt
nun in Kanada: Josyp Terelya, der Vorsitzende des Zentralrates
ukrainischer Katholiken. Kürzlich hielt er sich erneut in Österreich auf und besuchte dabei auch den niederösterreichischen
Wallfahrtsort Maria Roggendorf. Bei einem Gottesdienst in der
kleinen Pfarrgemeinde berichtete er kurz über seinen eigenen
Werdegang und betonte, daß zum Beten um die Bekehrung
Rußlands auch das aktive Tun kommen müsse. Nach einem Gespräch mit dem sowjetischen Chef-Ideologen und «zweiten
Mann» hinter Parteichef Michail Gorbatschow, Igor Ligatschow,
im vergangenen Jahr beurteilt Terelya die Lage seiner seit mehr
als vier Jahrzehnten verbotenen Kirche nüchtern und zuver-
sichtlich. Angesprochen auf die Erscheinungen der Gottesmutter in Hruschiw nahe Lemberg im letzten Jahr erklärte Terelya,

Josyp Terelya

176

er verfüge über Informationen, wonach Maria Anfang Juni erneut neunmal erschienen sein soll.

Terelya, der in Kürze ein Buch über das Phänomen Hruschiw herausgeben wird, verwies in einem Gespräch im Anschluß an den Gottesdienst auf den Inhalt der Botschaften der Gottesmutter: die Einladung zum Rosenkranzgebet als «größte Waffe gegen Satan», die Bitte um das Gebet für die Verstorbenen, besonders für die Opfer von Tschernobyl und der Hungersnöte in der Ukraine, sowie die Aufforderung zur Versöhnung und die Heiligung der Ehe.

Allgemein wird angenommen, daß die offene Frage der Wiederzulassung der katholischen Kirche in der Ukraine, am Rand der großen Millenniumsfeiern der russischen Orthodoxie, von der vatikanischen Delegation zur Sprache gebracht worden ist. Nach Ansicht Terelyas hat die sowjetische Führung manche Gründe, mit der Zulassung zu zögern. Immer noch könne man sich eine «freie Kirche» nur unter kommunistischer Kontrolle vorstellen. Das würde einer Ablehnung des Papstes gleichkommen, der in der Presse immer wieder angegriffen werde.

Infolge des lebendigen missionarischen Geistes unter den immer zahlreicher werdenden aktiven jungen Katholiken hätte die staatliche Führung die Sorge: «Wenn wir euch zulassen, was schützt unsere Kommunisten dann vor der Missionierung?»

Öffentliches Bekenntnis von Josyp Terelya

Bei der Herz Jesu-Feier am 1. Juli 1988 legte Josyp Terelya in der Wallfahrtskirche Maria-Roggendorf in Niederösterreich folgendes Zeugnis ab:

«Gelobt sei Jesus Christus!

Ich freue mich, heute die Pfarrmitglieder begrüßen zu dürfen – aus der Katakombenkirche, aus der ich komme. Vor elf Jahren habt Ihr in dieser Kirche für mich und für unsere Kirche gebetet. 23 Jahre habe ich in Rußland in Gefängnissen und in Lagern verbracht. Ich bin der Sohn kommunistischer Funktionäre. Mein Vater war der letzte Finanzminister der Karpato-Ukraine. Ich bin in einem Dorf aufgewachsen, wo man über den Glauben gelacht hat.

Mit 14 Jahren habe ich angefangen, in der Katakombenkirche aktiv zu arbeiten. Ich habe angefangen, offen zu arbeiten. Da haben sich die Eltern von mir losgesagt. Nach der Schule hat man mich festgenommen. Das erste Mal bin ich 15 Jahre in Lagern gesessen. Viermal haben sie meine Haftzeit verlängert.

Alle Aktivisten in der katholischen Kirche sollten eine Deklaration über den Übertritt zur russisch-orthodoxen Kirche unterschreiben. Solche, die diese Deklaration nicht unterschrieben haben, wurden ‹militante Katholiken› genannt, deren Haft man wieder verlängerte. Achtmal hat man mich verhaftet, achtmal hat man mich aufgefordert, diese Deklaration zu unterschreiben, und achtmal habe ich sie nicht unterschrieben. Dann hat man mich gefragt, warum ich so lange sitze, da es mir doch leicht wäre, die Freiheit zu bekommen. Die Leute haben gesagt: ‹Na, Sie müssen nur unterschreiben, im Herzen können Sie ja katholisch bleiben, und wenn Sie unterschreiben, dann haben Sie die Freiheit.› So kann aber nur einer reden, der Angst und nicht Glauben hat.

Als Katholiken dürfen wir die Wahrheit der katholischen Kirche nicht anzweifeln. Wir dürfen nicht vergessen, daß es eine Kirche gibt, die Christus eingesetzt hat. Die Kirche ist die eine, katholische und apostolische Kirche Christi. Man darf nicht vergessen, daß Christus eine Kirche gegründet hat und nicht zwei, drei oder vier. Und deswegen haben wir Katholiken in der Ukraine diese Deklaration zum Übertritt in die russisch-orthodoxe Kirche nicht unterschrieben.

Zweifellos haben die Dinge, die jetzt in der Sowjetunion geschene, auch eine Bedeutung für Europa. Da ist vor allem der sehr unpopuläre Krieg in Afghanistan. Selbst von den Offizieren und Soldaten in diesem sowjetischen Heer in Afghanistan, die nicht gläubig waren, haben zwei Drittel den Glauben an Christus gefunden. In den ersten Jahren haben die Sowjets diese Fakten geleugnet. Indem die russischen Katholiken einen Offenen Brief an den Papst unterschrieben haben, haben sie damit bezeugt, daß alles, was von sowjetischer Seite gesagt wurde, falsch war. Die Sowjets haben fünf Leute aus meiner Familie getötet. Ich bin der erste ukrainische Katholik, der begonnen hat, unter den Russen zu arbeiten und sie zur katholischen Kirche zu führen. Als ich damals begann, bei den Russen zu arbeiten, haben meine Freunde und die Leute aus meinem Dorf gefragt: ‹Warum machst Du das? Das ist ja Wahnsinn!› Aber man muß die Botschaften der Gottesmutter in Fatima bedenken, dann in Medjugorje und jetzt in Hruschiw. Die Gottesmutter hat gesagt, wenn die Leute sich nicht zu Christus bekehren, dann wird der Dritte Weltkrieg ausbrechen. Es ist nicht genug, daß man für die Bekehrung Rußlands betet, man muß auch darauf hinarbeiten. Man muß eben bedenken, daß Glauben ohne Taten wertlos ist. Ich war bei den Erscheinungen der Gottesmutter in Hruschiw, wo ich insgesamt sieben Tage verbrachte; sechsmal habe ich die Gottesmutter gesehen. Es gab Tage, wo sie den ganzen Tag dort und auch bei der hl. Messe anwesend war. Sie hat gesagt, wir

Das Atomkraftwerk Nummer 4 von Tschernobyl in der Ukraine, welches am 26. April 1986 explodierte und weite Teile von Asien und Europa radioaktiv verseuchte.

dürfen die Toten nicht vergessen und sollen für sie beten; daß wir den Rosenkranz beten, daß wir unseren Kindern den Katechismus und das Rosenkranzgebet beibringen und das den Nächsten weitergeben sollen. Den Bedürftigen sollen wir helfen und vor allem für die Bekehrung Rußlands beten. Ich glaube, wenn alle Katholiken beten und arbeiten, dann wird sich Rußland auch wirklich bekehren. Gelobt sei Jesus Christus.»

Interview mit Josyp Terelya

Bernhard Müller, Redaktor beim «Pur-Magazin», Kisslegg, traf Ende Oktober 1988 anläßlich des Internationalen Familienkongresses in Wien mit Josyp Terelya zusammen und bat ihn um ein kurzes Interview. Da Josyp Terelya weder deutsch noch englisch spricht, stellte sich Universitäts-Professor Oleh Hornykiewicz von der Universität Wien als Dolmetscher zur Verfügung. Das Interview hat folgenden Wortlaut:
1987 machten Nachrichten über Marienerscheinungen in der Ukraine in dem Dorf Hruschiw (nahe Lemberg) international Schlagzeilen. Selbst das sowjetische Fernsehen berichtete darüber. Bis zu 80 000 Menschen pilgerten täglich in diesen kleinen Ort in der Sowjetunion, um den Erscheinungen beizuwohnen. Josyp Terelya (45), Vorsitzender des Zentralkomitees der Ukrainischen Katholiken, der 1987 nach über 23jähriger Gefangenschaft für seinen Glauben aus dem Gefängnis entlassen wurde und jetzt im Westen ist, berichtet in einem Interview mit Bernhard Müller, wie er die Erscheinungen in Hruschiw als Augenzeuge miterlebt hat:

Bernhard Müller: Waren Sie selbst am Erscheinungsort in Hruschiw?
Josyp Terelya: Ich war sieben Tage in Hruschiw. Ich habe die Muttergottes nicht nur gesehen, sie hat während dieser Zeit auch zweimal Botschaften mitgeteilt. Es waren eine Unmenge von

Menschen dort, täglich 40- bis 50 000, vor denen ich gepredigt habe.

Bernhard Müller: Was hat die Gottesmutter in Ihren Botschaften zum Beispiel gesagt?

Josyp Terelya: Die Muttergottes hat in einer Botschaft gesagt, ein dritter Weltkrieg sei unvermeidlich, wenn Rußland Christus nicht annehme.

Bernhard Müller: Was ist anders in Hruschiw als in Fatima oder Medjugorje?

Josyp Terelya: In Hruschiw sehen zehntausende von Menschen die Muttergottes.

Bernhard Müller: Wann war die erste Erscheinung der Muttergottes in Hruschiw?

Josyp Terelya: Es ist interessant, daß die erste Erscheinung am Jahrestag der Katastrophe von Tschernobyl stattfand, am 26. April 1987.

Bernhard Müller: Wo haben Sie die Muttergottes gesehen? Stimmt es, daß die Erscheinung über der Kirche geschwebt hat?

Josyp Terelya: Die Muttergottes erschien sowohl innerhalb der Kirche als auch außerhalb. Aber sehr oft war sie oberhalb der Kirche. Das war, wenn man hinaufschaute, eine Art Licht, ein sehr weitreichendes Licht, von dem sehr schwer zu sagen war, woher es kam. Es machte den Eindruck, wie wenn ein Mondlicht da wäre, aber ein sehr starkes Mondlicht, das silbrig war, und dann ist etwas wie ein Feuer dazugekommen. Diese leuchtende Erscheinung ruhte über der Kuppel der Kirche. Und doch war sie eigentlich wie ein gewöhnlicher Mensch, wenn Sie sich manchmal den Leuten näherte. Ein interessantes Phänomen war, daß sie einem jeden, der sie ansah, in die Augen schaute. Zu diesem Zeitpunkt, den ich jetzt beschreibe, waren etwa 62 000 Menschen dort. Und etwa die Hälfte hat das Phänomen, wie ich es gesehen habe, auch gesehen. Wir sind dann am nächsten Morgen durch die Menge gegangen und haben gefragt — und zwar vor allem junge Leute und KGB-Offiziere —: «Wie habt ihr die Muttergottes gesehen? Hat sie euch wirklich in die Augen ge-

183

schaut?» Und es war tatsächlich so. Die Leute waren so erschüttert, daß sogar KGB-Offiziere zu uns kamen, die das gesehen hatten und uns baten, wir sollten ihnen erklären, was da geschehen ist.

Bernhard Müller: Gab es Behinderungen durch die Behörden?

Josyp Terelya: Die erste Zeit waren die Behörden selbst so beeindruckt, daß sie uns eigentlich gar nicht verboten haben hinzugehen und die Erscheinungen zu sehen. Am 14. Mai 1987 hat die Muttergottes gesagt: «Ukraine, meine Tochter, ich bin zu dir gekommen im schwersten Augenblick deines Lebens, du hast mich als erste zu deiner Königin gemacht!», denn die Ukraine hat sich als erste Nation im Jahre 1058 der Gottesmutter geweiht. Die Gottesmutter hat auch vorausgesagt, daß die Ukraine im nächsten Jahrzehnt frei werden wird. Nach dieser besonderen Erscheinung hat die Miliz angefangen, Straßensperren zu errichten und die Leute daran zu hindern, die Erscheinung zu sehen. Die Behörden haben dadurch zu fürchten begonnen, daß eine nationale Bewegung entstehen könnte.

Bernhard Müller: Halten die Erscheinungen noch an, oder sind sie beendet?

Josyp Terelya: In Hruschiw sind keine Erscheinungen mehr. Die Kirche wurde auch der Russisch Orthodoxen Kirche übergeben.

Bernhard Müller: Wir danken Ihnen recht herzlich für das Gespräch, Herr Terelya.

Nachwort des Herausgebers

Nach der Lektüre dieses Buches brennen dem Leser viele Fragen auf der Seele. Wie soll es weitergehen? Wer wird den Sieg erringen? Eine sehr kurze, aber treffende Antwort hat uns Papst Johannes Paul I. gegeben; er schreibt:

«Die Kirche steht vor der Tatsache eines immer mehr um sich greifenden Atheismus und zahlreicher Irrtümer; sie sieht sich mit unklugen und waghalsigen Experimenten konfrontiert sowie mit der ständigen Berufung auf das Charisma, das jeder in Anspruch nehmen zu können glaubt, das man jedoch dem Papst und den Bischöfen nicht zubilligen will.

Viele fragen sich: Woher soll denn in dieser Situation die Rettung kommen? Der hl. Franziskus gibt die Antwort: ‹Von den Heiligen, von den Christen, die meinem Beispiel folgen und sich bemühen, dem Leben Christi nachzueifern, indem sie die Gottes- und Nächstenliebe praktizieren und demütig im Geiste der Armut leben!›

Kaum zu glauben, aber selbst Lenin hat einmal gesagt: ‹Um Rußland zu retten, würde man zehn Franz von Assisi brauchen.› Wenn es wieder mehr Heilige gibt, kann die ganze Welt gerettet werden.»

Zu Beginn seines Pontifikates waren die Augen auch der orthodoxen Christen in aller Welt nach Rom gerichtet, denn am 5. September 1978 starb der russisch-orthodoxe Metropolit Nikodim von Leningrad und Nowgorod, der das kirchliche Außenamt des Moskauer Patriarchates leitete, in der Privatbibliothek des Papstes im Vatikan. Johannes Paul I. gestand nach diesem erschütternden Ereignis: «Der Metropolit von Leningrad starb in meinen Armen ... Nie zuvor in meinem Leben hatte ich schönere Worte über die katholische Kirche gehört, als diejenigen, die er aussprach. Ich kann sie nicht wiederholen. Sie bleiben ein Geheimnis.»

Zum Abschluß zitieren wir ein Wort von Kardinal Josyf Slipyi, dem Patriarchen der ukrainisch-katholischen, mit Rom unierten Kirche: «Heute wird der sogenannte ökumenische Dialog zwar eifrigst betrieben, aber leider beschränkt er sich auf den kleinen Kreis des höheren Klerus und der Experten. Das Volk ist im Westen nur wenig und in der Sowjetunion überhaupt nicht darin einbezogen. Aber in der Sowjetunion ist durch das gemeinsam getragene Kreuz der Verfolgung eine echte Ökumene gewachsen, die, durch ein tiefgreifendes Glaubensbekenntnis und das Blut der Märtyrer gereinigt, bis zum tiefsten Grundprinzip des Evangeliums reicht: das Göttliche und nicht das Menschliche zu suchen. Denn Katholiken und Orthodoxe, Baptisten und Mitglieder anderer Konfessionen leiden auf die gleiche Weise um Christi willen.

Dieses Leiden macht sie alle auf ähnliche Weise zu Kindern Gottes und seiner Kirchen. Das ist ein Gewinn von unschätzbarem Wert. Die modernen Ökumenisten täten gut daran, diese neue Sachlage nicht aus den Augen zu verlieren.»

Arnold Guillet

Papst Johannes Paul I.
Am tiefsten hat vielleicht Mutter Teresa von Kalkutta sein Charisma erfaßt, als sie sagte: «Johannes Paul I. war ein Strahl der Liebe Gottes in den Finsternissen dieser Welt.» Zum Glück hat er uns das Geheimnis der Liebe Gottes verraten, denn am 10. September 1978 sprach er zu den Gläubigen auf dem Petersplatz beim Angelusläuten: «Wir sind das Ziel der unvergänglichen Liebe Gottes; das wissen wir. Er hat immer seine Augen über uns, auch wenn es Nacht zu sein scheint.» Sein Lächeln und seine Trostworte sind auch ein Vermächtnis für die schwer verfolgten Christen im Osten.

Anmerkungen

1) Predigt des Bischofs von Eichstätt, Dr. Karl Braun, anläßlich des Jubiläums «600 Jahre Taufe Litauens» am 22. November 1987, Christ-Königs-Fest, im Dom zu Eichstätt.

2) Aus «Was die Liebe vermag». Gebete von vier litauischen Mädchen im sibirischen Exil. Verlag Neue Stadt, München, 1987, S. 63 f.

3) Aus der Predigt von Dr. Karl Lehmann, Bischof von Mainz, am 25.10.1987 im Pontifikalamt im Mainzer Dom aus Anlaß der 600-Jahrfeier der Christianisierung Litauens.

4) Vilnius (Wilna), Hauptstadt von Litauen.

5) Nach einer Mitteilung von KNA und Radio Vatikan im Februar 1988 wurde Nijole am 11. Februar 1988 in Vilnius am hellichten Tag von ein paar Männern auf offener Straße zusammengeschlagen und in den Unterleib getreten, wobei sie schwere Verletzungen erlitt. Erst beim Hinzukommen von Passanten flohen die Täter.

6) Inzwischen ist während der Bearbeitung des Manuskriptes (1988) schon die Nr. 106 der «Chronik der L.K.K.» erschienen.

7) Istrebitelij. Die Litauer nannten sie einfach «Stribas», zu deutsch «Vernichter», die von den Sowjets gegen die litauischen Freiheits-kämpfer (Partisanen) eingesetzt waren.

8) Banditen. So nannten die sowjetischen Soldaten und Beamten die litauischen Freiheitskämpfer (Partisanen). Der Verdacht allein genügte sehr oft, um erschossen zu werden.

9) Die Mieten sind seit 1987 herabgesetzt, normalisiert, ebenfalls die Zahlungen für den elektrischen Strom.

10) Lebendiger Rosenkranz, «Rosarium fraternitatis». Er wird von Rosenkranz-Bruderschaften gepflegt. Jedes Mitglied betet jeden Tag ein ihm zugewiesenes Gesetz des Rosenkranzes. So wird jeden Tag von der Bruderschaft der ganze Rosenkranz, der «Psalter» oder alle drei Teile, gebetet.

11) Die Gläubigen schrieben sehr oft, aber der Priester A. Svarinskas erhielt ihre Briefe nicht.

12) In Vidukle war des Jahrestages der Festnahme gedacht worden.

13) Man gewinnt den Eindruck, daß nur solche Briefe durch die Zensur gelassen werden, in denen Alltäglichkeiten stehen.

14) Wie bereits im Reisebericht von Schwester Michaela Baumann erwähnt, konnte Pfarrer Alfonsas Svarinskas im August 1988 in die Bundesrepublik ausreisen.

15) Chronik der Katholischen Kirche Litauens, Band III, Seite 63, Chicago/USA, 1976 (in litauischer Sprache).

16) «Dirva» vom 25.2.1988, Nr. 8 (in litauischer Sprache).

17) Nijole Sadunaite gehört tatsächlich einem Orden an; da die Orden in Litauen aber verboten sind, verzichten wir aus Gründen der Diskretion auf die namentliche Nennung ihrer Ordensgemeinschaft.

Eberhard Mossmaier

Brückenbauer zwischen Ost und West

174 Seiten, 45 Fotos, farbiger Umschlag

Die Grenze zwischen West und Ost war sehr oft eine Todeslinie, die Völker des Grenzlandes, vor allem die Polen, aber auch die anderen Grenzvölker bis hinaus ins Baltikum, bis hinunter in den Balkan, sind von den Machtblöcken mehr als einmal erdrückt und aufgerieben worden. Immer wieder haben sich einzelne Menschen bemüht, zwischen diesen feindlichen Welten Brücken zu bauen und Versöhnung zu stiften. In Wort und Bild werden uns vorgestellt: Pater Anizet Koplin, die selige Edith Stein, der litauische Bischof Jurgis Matulaitis, Eduard Pant, Bekennerbischof Alexander Chira, Bruder Urban Lang, P. Thomas von Gumppenberg, die Heiligen Leopold Mandić und Markus d'Aviano.

Ernst Joseph Görlich

Der letzte Kaiser — ein Heiliger?

Kaiser Karl von Österreich

278 Seiten, 34 Abbildungen, Paperback

Am 3. November 1949 wurde von Radio Vatikan in der ganzen Welt die Nachricht verbreitet, daß der Seligsprechungsprozeß des Kaisers Karl von Österreich begonnen hat. So wurde das prophetische Wort von Pius X. wahr: «Karl, Kaiser von Österreich und König über acht Königreiche, war der letzte Regent der größten und mächtigsten Dynastie Europas. Kaiser Karl war ein christlicher Staatsmann, dem der Wille Gottes höher stand als der Wille zur Macht; schon als Thronfolger suchte er die Kriegserklärung an Serbien zu verhindern. Der deutsche General Ludendorff hintertrieb seine Friedensbemühungen und schleuste statt dessen Lenin in einem plombierten Eisenbahnwagen von Zürich nach Petersburg; mit diesem apokalyptischen Bündnis öffnete er den Russen den Weg nach Berlin. Im Anhang bringen wir die atemberaubende Schilderung von Kaiserin Zita über ihren Flug mit Kaiser Karl anno 1921 nach Ungarn.

CHRISTIANA-VERLAG CH-8260 STEIN AM RHEIN

Simas Suziedelis
Der heilige Casimir
94 Seiten, 21 Abbildungen, DM 9,80 / Fr. 8.–

Der heilige Casimir war der Sohn des Königs von Litauen und Polen und einer Habsburgerin und war Kronprinz. Hans Hümmeler hat den heiligen Casimir eine «Verkörperung der schweigsamen Frömmigkeit» genannt.

Dr. Lisl Gutwenger
Maximilian Kolbe
Der Heilige der Immaculata
64 Seiten, farbiger Umschlag, DM 4,50 / Fr. 3.80

Schon als Kind liebte der Heilige die Mutter des Herrn. Später drang Maximilian Kolbe tief in das Geheimnis der Unbefleckten Empfängnis ein, so daß er allezeit vom Wunsche beseelt war, allen Völkern der Erde die Immaculata nahezubringen. Ein unerhört aktuelles Heiligenleben.

P. Eberhard Mossmaier
P. Anizet Koplin
79 Seiten, farbiger Umschlag, 12 Fotos, DM / Fr. 6.80

P. Anizet Koplin, der Vater der Armen von Warschau, ein stadtbekanntes Original, wurde im KZ Auschwitz umgebracht. Ein Märtyrerschicksal unserer Zeit.

Dr. Lisl Gutwenger
Pater Leopold Mandić
112 Seiten, 12 Fotos, DM 9,80 / Fr. 8.–

Pater Leopold Mandić, von Papst Johannes Paul II. am 16. Oktober 1983 heiliggesprochen, der große Beichtvater von Padua, stammte aus Dalmatien (Jugoslawien).

CHRISTIANA VERLAG CH-8260 STEIN AM RHEIN

Gerhard Hermes
Du kommst nach Hause
Erfahrungen einer Pilgerschaft
Mit 31 Zeichnungen des Verfassers
Aufl. 10000, 183 Seiten, geb. mit Schutzumschlag,
DM 19,−/Fr. 16.−

Nach einer langen Durststrecke bekommen wir mit diesem Buch endlich wieder ein Meisterwerk großer Erzählkunst in die Hand. Gerhard Hermes lernte als Sanitäter und später als Kriegsgefangener die Seele des russischen Volkes kennen. Seine Erzählungen − die meisten sind Tatsachenberichte − geben in einfühlsamer psychologischer Erfassung Ereignisse wieder, die er selbst erlebte oder welche ihm vertrauensvoll von Menschen berichtet wurden, die ihm ihr Herz öffneten. Die Schicksale von Arbeitern und Bauern, Popen und Gläubigen in den unermeßlichen Weiten der atheistischen Sowjetunion erinnern an Gestalten aus Werken von Dostojewski und Solschenizyn − bewegende Beispiele göttlicher Führung und menschlichen Leids. Wir zögern nicht, Gerhard Hermes in die große Erzählertradition eines Tolstoj, Leskow, Bergengruen, einer Alja Rachmanowa einzureihen.

Georg Siegmund
Nietzsche − Der Atheist und Antichrist
Nachwort von Walter Hoeres
186 Seiten, 1 Foto, DM 16,−/Fr. 14.−

Nietzsche prophezeite einen «Geisterkrieg», den Kampf letztlich zweier geistiger Mächte, die unverträglich wie Feuer und Wasser sind. In seinen letzten Äußerungen − kurz vor seiner geistigen Umnachtung − hat er sich als Nachfolger des totgeglaubten Gottes ausgesprochen. Wer die heutige Zeit verstehen will, muß sich mit Nietzsche auseinandersetzen. Der Fuldaer Philosoph und Theologe Georg Siegmund setzt sich in diesem Buch kritisch mit Nietzsche auseinander.

CHRISTIANA VERLAG CH-8260 STEIN AM RHEIN